U0089861

中國學術思想研究輯刊

研究輯刊

初 編

林 慶 彰 主編

第 16 冊

論常州學派之學術特質與其經世思想

江 素 卿 著

花木蘭文化出版社

國家圖書館出版品預行編目資料

論常州學派之學術特質與其經世思想／江素卿 著 — 初版 —
台北縣永和市：花木蘭文化出版社，2008〔民 97〕
目 2+164 面；19×26 公分
（中國學術思想研究輯刊 初編：第 16 冊）
ISBN：978-986-6657-88-7（精裝）
1. 清代哲學 2. 學術思想
127.0199　　　　　　　　　　　　　　　　　97016262

ISBN - 978-986-6657-88-7

9 789866 657887

中國學術思想研究輯刊
初 編 第十六冊　　　　　　　ISBN：978-986-6657-88-7

論常州學派之學術特質與其經世思想

作　　者　江素卿
主　　編　林慶彰
總 編 輯　杜潔祥
出　　版　花木蘭文化出版社
發 行 所　花木蘭文化出版社
發 行 人　高小娟
聯絡地址　台北縣永和市中正路五九五號七樓之三
　　　　　電話：02-2923-1455／傳真：02-2923-1452
網　　址　http://www.huamulan.tw 信箱 sut81518@ms59.hinet.net
印　　刷　普羅文化出版廣告事業
封面設計　劉開工作室
初　　版　2008 年 9 月
定　　價　初編 28 冊（精裝）新台幣 46,000 元

版權所有‧請勿翻印

論常州學派之學術特質與其經世思想

江素卿　著

作者簡介

江素卿

國立高雄師範大學國文研究所碩士、國立中山大學中國文學系博士。

現任國立中山大學中國文學系助理教授。

曾開設課程有：大學部——中國思想史、經學通論、楚辭、韓非子、史記、紅樓夢等；

　　　　　　　研究所——史記學討論。

目前研究集中於經學史、經學思想、史記學等領域。

提　　要

　　常州學派興起於清代中葉，論常州學派可有許多界定標準，清儒治公羊者，以孔廣森《公羊通義》成書最早，惟孔氏不重公羊家法，梁啟超《中國近三百年學術史》批評其書違失傳旨甚多，而以莊存與為清代公羊學之初祖，並為常州學派之開創者；本文敘述常州學以與經世思想相關之議題為研究重點，故從梁說自莊氏始。莊存與之學，傳其外孫劉逢祿、宋翔鳳而奠定學派之規模，其後更由龔定盦與魏源之引申發揮，而使經世思想大昌於時，故本文主要研究對象為莊存與、劉逢祿、宋翔鳳、龔定盦、魏源等五位學者。

　　第一章〈常州學派之形成及其背景〉，分別由地理環境、人文風氣、師承關係，及政治、社會環境、學術傳統等因素，分析常州學派形成之時代背景，進而探究這些因素交互影響下，常州學派之發展歷史。

　　第二章〈常州學派經學之特質〉，首先分析經學觀念與今文經學之精神，然後分節論述常州各學者治經之特質。

　　第三章〈常州學派之史學史觀及其經世思想〉，論公羊史觀為一種歷史哲學，但常州學者之公羊史觀卻又非嚴格意義之史觀，他們重在利用公羊哲學中與歷史相關之議題，發揮其經世思想，最明顯者為龔定盦之靈活運用三世論，而成就最大者應推魏源史學著述中之經世實踐。第四章〈常州學派之實務思想及其時代意義〉，清代中葉以下之政治問題，可謂千瘡百孔，要以清廷嚴分滿漢畛域與資格限人為核心問題，種種弊病皆由此而衍生。常州學派治學精神，既在經世致用，檢視其對此時代問題之論點，一方面可分析其學術特質，一方面則可以此衡論其經、史學之時代意義。

前　言

　　乾嘉學術在外在政治環境的箝制，及明末以來回歸經典的學術內在發展的雙重因素下，形成學術走向樸學的新風氣，對經典的整理取得頗為豐碩的成就。但考據學形成之後，學者漸漸沉溺於故紙堆中，考據雖精而不濟國計民生之用。歷來發揮經世思想的經史之學，也成為章句訓詁與歷史考證之學，學術的實用價值，寖微至極。

　　直到常州學派興起，學術的經世思想才再萌芽蘗，漸次而蔚為風氣，影響及於清末公羊學及光緒朝的改制變法。梁啓超在《中國近三百年學術史》中，論清儒整理舊學的總成績，於公羊學項下，雖以孔廣森之《公羊通義》為清儒治公羊之最先者，卻批評孔氏不通公羊家法，其書違失傳旨甚多；梁氏以莊存與為清代公羊學之初祖，亦是常州學派之開創者。其後學者多從梁說，本文敘述常州學亦從梁說自莊氏始。

　　莊氏著《春秋正辭》，發明《春秋》的微言大義，又提倡通經致用，其後由外孫劉逢祿及宋翔鳳繼承微學。劉氏以公羊義遍釋群經，其《春秋公羊經何氏釋例》更系統的歸納了何休《春秋公羊傳何氏解詁》的義例，示治公羊者以途徑；宋翔鳳專力公羊化論語學，謂《論語》與《春秋》相通，亦含孔子的微言大義，於是公羊學大昌於時，公羊義理推擴到四書五經，造成今文經學的全面發展。劉氏又傳《公羊春秋》於龔定盦、魏源、凌曙，宋翔鳳則傳於戴望等，其中尤以龔、魏，善於援引公羊義理，議論時政，使公羊學更加發揚光大。

　　蕭一山先生著《清代通史》，以清代的今文學運動與西方文化輸入，為同時影響中國前途的兩大途徑。今文學運動之結穴歸於晚清。在著作方面，陳

立的《公羊義疏》七十六卷，被譽爲公羊學自董仲舒、何休之後的第一功臣；在政治上則有康有爲、梁啓超師生，倡春秋公羊學以改制變法。雖然百日維新在政治上只如曇花一現，卻開出晚清思想界的革命潮流，影響中國近代史實甚爲深遠。其芽櫱既萌於常州學派，則剖析常州學派之發展，當有助於掌握整個清代今文經學運動的來龍去脈。

復次，公羊義法中張三世、通三統之義，均企圖對歷史的發展提出規範性的解釋，公羊家的原始精神雖非史學性格，其史觀甚至也有可商議之處，但以史說經、借古諷今，卻是學者「致用」的基本方法。因此，透過其解釋歷史的觀點、史論、史學著作等，以與公羊以外的相關論著比較，當不失爲另一種了解其學術特質的角度，亦能進一步掌握其經世思想。

常州學派除利用經史之學表現其經世意態外，對於時代問題之著重點何在？各學者所謂的解決方案，與其學術思想有何關連，皆當加以釐清。

常州學派的學術特質既在經世致用，則評價其得失之關鍵應視所論之適用與否。抑揚過度，均非的論。拙文擬分析其經學、史學、實務思想之特質，並針對其學術之時代意義作出探討，以評價其得失。

第一章　常州學派之形成及其背景

　　歷史是時間的線索，地理是空間的範疇，學派的發展是沿此時間之線索，而在地理環境的空間中向前演進，故欲認識一個學派的特色，對其地理環境、歷史背景等加以研究，是基礎而且必要的。

　　常州學派起自乾隆年間，嘉道以下逐漸發展、壯大，流衍甚廣。其學術精神，迥異時趨，當時學者如阮元、李兆洛等已指出常州學者的治學精神；稍後如章太炎、劉師培等已注意整個學派的發展（詳見本章第二節）；結果卻「學術、治道，同趨漸滅」。〔註1〕其經世思想未能挽救腐化的治道，經學性質也隨著時運而不得不變，則常州學派形成時所面臨的變局，似不下於明末清初所謂「天崩地解」的時代，而經世思想乃環繞時代問題而發展，歷史的動盪，又轉而影響地理及人文，故其相互影響之關係，亦頗值得深思。

第一節　常州學派形成之地理環境與師承關係

一、地理環境與教育風氣之蘊育

　　有關地理環境對人文的影響，自古以來學者討論極多，其著眼大致有兩個方向，一是從自然環境對人類思維或文化習性之影響著眼，如《漢書・地理志》即從地理條件，分析漢代人文之發展；近代梁任公之〈地理與文明之關係〉、〈亞洲地理大勢〉、〈中國地理大勢論〉〔註2〕等文，均以地理決定論，

〔註1〕見錢穆著：《中國近三百年學術史》（臺北：臺灣商務印書館，1990），頁525。
〔註2〕見氏著：《飲冰室合集》第2冊（臺北：中華書局，1989）。

為解釋中國歷史進化的基本理論。其在西方，古代有亞理斯多德以及啓蒙時期之法國孟德思鳩，乃至較後之德國黑格爾及英國之巴克等人之研究。其中黑格爾有最簡潔明晰之分析，他曾說：

> 助長民族精神的產生的那種自然的聯繫，就是地理的基礎；假如把自然的聯繫同道德「全體」的普遍和道德全體的個別行動的個體比較起來，那麼自然的聯繫似乎是一種外在的東西；但我們不得不把它看作是「精神」所從而表演的場地，它也是一種主要的、而且必要的基礎。〔註3〕

另一方面，則就地域所已有之人文傳統，討論某一時期文化活動在空間分配上之交互作用與影響。此一方面，西方近代之觀念史分析學者論述極多，如鮑莫爾即對十七世紀以來觀念史之發展及其對人文之影響，有深入的討論；〔註4〕中國於清光緒年間亦有梁任公、劉師培之先趨研究。梁任公〈中國學風之地理分佈〉一文，以研究學者產地為主，他說：

> 氣候山川之特徵，影響於住民之性質，性質累代之蓄積發揮，衍為遺傳，此特徵又影響於對外交通及其他一切物質上生活，還直接間接影響於習慣及思想，故同在一國同在一時而文化之度，相去絕遠，其質及其類不相聚，則環境之分限使然也。〔註5〕

因此，產生各具特色的地域性文化；劉師培〈南北學派不同總論〉則從五胡亂華，衣冠南遷等歷史事件，及經濟消長因素，解釋「三代之時學術興於北方，而大江以南無學，魏晉以後南方之地日昌，致北方學者反瞠乎其後」〔註6〕的原因。

第一種研究所論的自然地理，雖在某種程度上影響人文的發展，但影響的程度難以評估，以今天學術研究的要求而言，較難令人信服；第二種研究，雖然也不是精確的科學分析，但這些可資檢驗的統計資料，毋寧是較俱有說服力的。〔註7〕

〔註3〕見氏著，王造時譯：《歷史哲學‧歷史的地理基礎》（臺北：里仁書局，1984），頁131。

〔註4〕詳見鮑莫爾 Franklin L Baumer 著，李日澤譯：《西方近代思想史》（臺北：聯經出版社，1988）。

〔註5〕見氏著：《飲冰室合集》第5冊，頁50。

〔註6〕見《劉申叔遺書》（一）（江蘇：古籍出版社據寧武南氏 1934 校印本影印），頁549。

〔註7〕關於歷史地理學的問題，今人李映輝亦發表：〈歷史地理學在歷史研究中之

在自然條件方面，常州是個經濟繁榮，民生富庶的地區，〔註8〕爲學術的蘊育，提供良好的條件；然而，常州能形成一個學派，所當特別注意的是它濃郁的學術風氣。李兆洛說：

> 余每憶三十年前，吾鄉風俗之美，物力之豐，家有中人產以上，輒疊然向學，子弟之才美可造者，必延師而教之。〔註9〕

莊存與及劉逢祿均出身世宦之家，家學淵源，自幼致力於經史之學，是較爲自然之事；宋翔鳳家貧，至竊衣物以易書，重視教育的風氣對他的嗜讀古書應有所影響。劉、宋二人皆曾留在常州，從舅父莊述祖受業。因人文薈萃，龔定盦、魏源先後遊學常州。龔定盦詩曰：「天下名士有部落，東南無與常匹儔。」〔註10〕由此足見常州重視教育之一斑。

古人學而優則仕，故從科名的盛衰觀察，亦頗能代表地域性「文化水準」之高下。世所羨稱之三鼎甲，常州人如狀元有呂宮、趙熊詔、錢維城；榜眼有楊述曾、莊存與、孫星衍、洪亮吉、袁績懋；探花有錢名士、湯大紳、趙翼、劉躍雲等。〔註11〕

又仕而優則學，乾嘉以來，常州之學者，如莊存與、莊述祖、趙翼、洪亮吉、孫星衍、張惠言、臧庸、劉逢祿等，均有極受肯定的學術成就；李兆洛亦嘗指出：草堂諸子「斐然以發名成業相砥礪」，這些人文風氣爲常州學派的形成及發展，提供有利的條件。〔註12〕

作用〉，《歷史學》，1994年4月，頁97～100；張國艷著：〈東方地理環境與中國歷史發展〉，《歷史學》，1989年10月，頁79～83；張國豔、黃長義著：〈地理史觀與中國近代史學的歷史考察〉，《學術研究》（廣東：宏遠發展總公司），1992年5月，頁92～96。均可參考。

〔註8〕 常州府的地理位置在江蘇省東南方，距省治二百八十里。順治初年，因襲明制，治五縣，至雍正二年，以賦重事繁改爲八個縣：包括武進、無錫、陽湖、金匱、江陰、宜興，荊溪、靖江。參見趙爾巽等撰：《清史稿·地理志》（臺北：鼎文書局，1981）。

〔註9〕 見李兆洛著：《養一齋文集·江湖詩集序》（道光23～24年維風堂聚珍本）。

〔註10〕 見氏著：《龔定庵全集類編·常州高材篇》（臺北：世界書局，1980），頁368。

〔註11〕 參見沈雲龍著：《近代史事與人物》（臺北：文海書局，1971），頁42。

〔註12〕 參見陸寶千著：〈愛日草堂諸子——論常州學派的萌坼〉《近史所集刊》，第16期（中研院近史所，1987年6月），陸氏論列了常州學派形成前，祝百十、周伯恬、張惠言、張翰風、陸繼輅、陸耀橘、莊綬甲、劉逢祿、洪飴孫、丁履恆、李兆洛等人交誼，和其經世思想的蘊釀。

二、常州學者之師承關係

中國學術有明顯的人文精神的傳統，雖然聖人是根據道而有所作，但道須俟聖人而後明，所謂人能弘道，非道弘人。因此，一部二十四史主要是人物傳記，如《史記》一百三十卷，僅世家、列傳就占了一百卷，《漢書》一百卷，傳記占了七十，就是重視人物在歷史演進中的主動力量。西方也有類似的觀念，希臘人認為歷史的發展途徑是可變的，而且容易由受過良好知識訓練的人的意志來作有益的修正。〔註 13〕希臘之後，此種人文思想沉寂多時，至法國地理學家維地爾才告復甦，他批評「地理命定主義」，認為地域是提供人類自由選擇之園地，而非支配人類命運的因素。英國之巴克也指出：

> 地理具有各種可能性，任人選擇，非可視之為決定命運之整個力量。

〔註 14〕

強調人類是處在不斷的創造新的可能性中，他舉例說英國的發展具有海陸兩種可能性，且為永遠存在之可能性。故在歷史與文化的發展中，多見環境相同，而發展異趣的情形。

這種由人為主導的歷史現象，在學術研究上也有類似的情形，章學誠「浙東貴專家，浙西尚博雅，各因其習而習也。」〔註 15〕之說，即指出浙東與浙西，自然條件相近，而因「習」的不同，使學風各具特色。此所謂「習」，即人文傳統。學風形成及轉變，賴大學者突破傳統或環境的限制，開風氣之先，其學風流衍，常有沛然莫之能禦之勢。莊存與生值乾隆漢學方盛之時，卻能洞識機先，鄙棄餖飣瑣碎的考證學，致力於通經致用，其於常州經世學風的興起，即有開創啟迪之功。其後，經劉逢祿、宋翔鳳、龔定盦、魏源的努力，使常州學派形成獨特的學術風格，並且風靡天下，其影響及於晚清之學術及政治的發展。故人文傳統對於地域性學風的形成，關係至鉅。

但對於地域性學派劃分之標準，學者論見頗有出入，暴鴻昌先生曾界定以地域名學派，必備三個條件：

其一，此流派必皆同一地域之人；其二，治學宗旨及學術風格迥然別於其

〔註 13〕 參見柯林烏 R.G.Collingwood 著，陳明福譯：《歷史的理念》（臺北：聯經出版社，1992），頁 33。

〔註 14〕 見巴克 Ernesat Barker 著，王世憲譯：《民族性》（臺北：臺灣商務印書館，1965），頁 77。

〔註 15〕 見氏著：《文史通義・浙東學術》（臺北：里仁書局，1984），頁 523。

他地域而自成特色；第三，其獨特之學術風格，源遠流長，師承有緒。〔註16〕
然而學派的發展有源有流，學派形成之後，其影響所及，往往超過地域限制，
且代表學派之地望，常又成為學術風格之代稱，此時若有聞風而起，慕義從學，
或有師承關係而繼承、發展此一學派精神者，均可視為該學派之人。因此，拙
文認為學派或地域性學派之劃分標準，可從三方面加以觀察：其一，學派之傳
承譜系，此即暴氏所論的地域和師承關係；其二，當時學者的評論，即暴氏所
論治學宗旨與學術風格的問題；其三，後世學者的評價，一個學派或思想潮流，
可能風靡一時，但影響未必深遠，要給予合理的定位，後人的評價，往往更加
客觀，因此在暴氏所論的三點以外，亦應注意後人評價的意見。

莊存與，字方耕，武進人，為人耿介廉直。門人孔廣森、邵晉涵未得其
真傳。莊存與之姪，莊述祖，字葆琛，傳存與之學，研求精密，於世儒所忽
者，覃思獨深，洞見本末。述祖之甥劉逢祿、宋翔鳳。劉逢祿，字申受，武
進人。幼傳外家莊氏之學，為學務通大義，不專章句。宋翔鳳，字于庭，長
洲人。通訓詁名物，志在西漢家法、微言大義。龔自珍，字璱人，仁和人。
魏源，字默深，邵陽人。龔、魏二人均受《公羊春秋》於劉逢祿，亦皆負才
自喜，名亦相埒。〔註17〕

常州相關學者系譜：

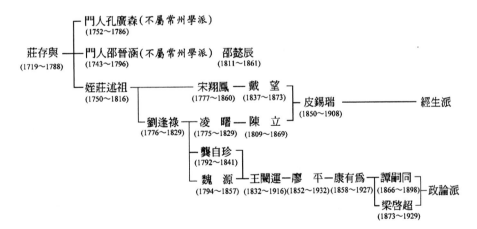

莊存與之學，初由子姪而得其真傳，至劉宋皆為近親關係。〔註18〕至龔、

〔註16〕見氏著：〈乾嘉考據學流派辨析——吳派、皖派說質疑〉，《歷史學》，1992年
9月，頁60。
〔註17〕參見《清史稿》，列傳92；列傳269；列傳273。
〔註18〕今人陸振岳曾說：公羊學的常州諸學者，有一個明顯的特點，這就是他們之

魏才是師生的關係，劉逢祿曾授龔自珍與魏源《公羊春秋》，於二人會試落第，又賦〈兩生行〉惜之。〔註19〕觀其辭意可謂知之甚深，愛之甚切。因此，不惟魏源對劉逢祿終生有知遇之感，龔定盦對劉逢祿也非常的傾慕，有詩曰：「昨日相逢劉禮部，高言大句快無加。從君燒盡蟲魚學，甘作東京賣餅家。」又曰：「端門受命有雲礽，一脈微言我敬承。宿草敢祧劉禮部，東南絕學在毘陵。」龔自珍又極推崇宋翔鳳，有詩曰「萬人叢中一握手，使我衣袖三年香。」〔註20〕由這些言論和行事之中，其師弟間一脈相承的精神、相知相惜的情感，已昭然可睹。

常州學派治學之獨特精神，在存與身後就引起學者的注意，如阮元〔註21〕、董士錫〔註22〕均注意到莊存與重六經微言之精神，魏源〔註23〕說莊存與之學在當時雖不受重視，但他關心世道的精神，才是學術發展的正確途徑，定盦更肯

間是近親的群體。……這就是通常所說的家學的作用。參見〈關於清代今文經學的幾個問題〉，《蘇州大學學報》，1994年3月，頁108。

〔註19〕 李孟符曰：「道光丙戌會試，劉申受先生為同考官，得龔定庵卷，狂喜，亟薦之。魏默深卷在某侍御房，某侍御得卷，猶疑不遽薦。禮部讀其文而大異之，乃捉令亟薦，故魏默深於禮部終身有知己之感焉。然龔魏竟皆下第。先生痛惜之。贈以詩云：三江人文甲天下，如山明媚畫嶙峋。盎盎春溪比西子，浣花濯錦裁銀雲。……翩然雙鳳冥空碧，會見應運翔丹宸。萍蹤絮影亦偶爾，且看明日走馬埴城闉。」見氏著：《春冰室野乘‧前輩愛材之篤》（臺北：文海出版社，1967），頁117～118。

〔註20〕 以上引文分別見於氏著：《龔定庵全集類編‧雜詩己卯自春徂夏在京師作‧己亥雜詩‧投宋于庭》（臺北：世界書局，1980），頁396；頁328；頁368。

〔註21〕 阮元〈莊方耕宗伯經說序〉曰：「于六經皆能闡抉奧旨，不專專為漢宋箋注之學，而獨得先聖微言大義於語言文字之外，斯為昭代大儒，心竊慕之。……。所學與當時講論或枘鑿不相入，故祕不示人。通其學者，門人邵學士晉涵，孔檢討廣森及子孫數人而已。」收入《味經齋遺書》，是書藏於台大文圖善本書室，共十一冊。

〔註22〕 董士錫〈莊氏易說序〉曰：「其為文，辯而精，醇而肆，旨遠而義近，舉大而不遺小，能言諸儒所不能言，不知者以為乾隆間經學之別流，而知者以為乾隆間經學之巨匯也。方乾隆時，學者莫不由《說文》、《爾雅》而入，醰深於漢經師之言，而無洇以游離。其門人為之，莫不以門戶自守，深疾宋以後之空言。固其藝精，抑示術峻，而又烏知固有不為空言而實學恣肆如是者哉！」（見《味經齋遺書》）。

〔註23〕 魏源〈武進莊少宗伯遺書序〉說：「清有天下百餘年間，以經學名家者數十輩，獨先生未嘗支離鈲析，如韓、董、班、徐四子所譏，是以世之為漢學者罕稱道之。烏虖！公所為真漢學者庶其在是！」見《魏源集》（臺北：鼎文書局，1978），頁237。

定其學術有「陰濟天下」的價值。〔註24〕從他們的論述，可知莊存之學，在當時雖不敢張揚，但他治學的苦心孤詣，已爲常州學派的發展，奠定了基礎。

　　逢祿之學，李兆洛〔註25〕、魏源〔註26〕亦指出他不泥守章句，獨重董仲舒、何休發明《春秋》微言大義的精神。戴望〔註27〕則謂逢祿爲時人所推服者，尤其在援古事、據經義以處理政事方面，並謂其能有董相之風。〔註28〕

　　翔鳳生平除史傳之外，未見碑傳材料，交遊雖多，求時人對他的論述，寥不可得，史傳謂其志在西漢家法，微言大義，得莊氏之眞傳。

　　段玉裁指出定盦經史研究，有爲今病而作之意；〔註29〕魏源則更清楚的道出他關心世情民隱的精神。〔註30〕

　　魏源的經學研究，逢祿引爲同志，〔註31〕李兆洛稱其獨見；〔註32〕莊

〔註24〕龔定盦說：「學足以開天下，自韜污受不學之名，爲有所權緩亟輕重，以求其實之陰濟於天下。其澤將不惟十世，以學術自任開天下知古今之故，百年一人而已矣。」(《龔定庵全集類編・資政大夫禮部侍郎武進莊公神道碑銘》，頁295）。

〔註25〕李兆洛〈禮部劉君傳〉說：「研經《公羊》，探源董生，發揮何氏，成《釋例》三十篇，以微言大義刺譏褒諱，抱損之文辭洞然，推極屬辭比事之道，又成箋說、答難、決獄等凡十一書，自漢以來未嘗有也。」收入《清代碑傳全集》（江蘇：上海古籍出版社，1987），頁1180。

〔註26〕魏源說：「清之興二百年，通儒羣出。……于東京之學，蓋盡心焉。求之西漢賈、董、匡、劉所述，七十弟子所遺，源流本末，其尚盡合乎？其未盡合乎？有潛心大業之士，乾乾然，竺竺然，由董生《春秋》以窺六藝條貫，由六藝以求聖人統紀，旁搜遠紹，溫故知新，任重道遠，死而後已，雖盛業未就，可不謂明允篤志君子哉？」見《魏源集》（臺北：鼎文書局，1978），頁242～243。

〔註27〕氏著：〈故禮部儀制司主事劉先生行狀〉說：「其爲學務通大義，由董生《春秋》窺六藝，求觀聖人之志。」收入《清代碑傳全集》，頁1180。

〔註28〕見《清史稿：儒林傳》，列傳269，頁11099。

〔註29〕段玉裁曰：「自珍見余吳中，年才弱冠，余索觀其所業詩文甚夥，開有治經史之作，風發雲逝，有不可一世之概。」又說：「（〈明良論〉四篇）四論皆古方，而中今病，豈心別製一新方哉，毫矣，猶見此才而死，吾不恨矣。」前段文見《段玉裁遺書》（臺北：大化書局，1977），頁1035；後段文見《龔定庵全集類編・明良論（附記）》，頁138。

〔註30〕魏源謂自珍：「於經通《公羊春秋》，於史長西北輿地。其文以六書小學爲入門，以周秦諸子吉金樂石爲崖郭，以朝章國故世情民隱爲質幹。晚猶好西方之書，自謂造深微云。」（見《魏源集・定庵文錄敘》，頁239）。

〔註31〕其言曰：「邵陽魏君默深，治經好求微言大義。由董子書以信《公羊春秋》，由《春秋》以信西漢今文家法。……其志大，其思深，其用力勤矣。予向治《春秋》今文之學，有志發揮成一家言，作輟因循，久未卒業，深懼大業之陵遲，

庖南、〔註33〕左宗棠〔註34〕雖未論其治經精神，對其經世才學，都推崇備至。

論常州學派之學術特質，後世學者亦頗不乏人，如：章太炎標舉常州學者治經的個別特色；劉師培強調學者間的師承關係；梁啓超重其經世致用的精神；錢賓四先生以學派發展到論政的關鍵人物是龔定盦；張舜徽則認爲學派形成之後，不必再以地域區分標準。〔註35〕雖然所著重分析的焦點不同，但以莊存與開派，劉、宋、龔、魏繼承和發展其學術精神，除章太炎對龔魏別有異見外，〔註36〕以此五人爲常州學派最重要的學者，則是論者共同的見解。

此外，常州學者尚有惲敬，著《三代因革論》，探求前史興敗治亂之故；張惠言，雖以詞名家，不廢經學，研究《周易》，主虞氏，著《周易虞氏易》，研究禮經，宗鄭氏注，注《儀禮圖》；李兆洛，治《通鑒》、《通典》、《通考》之學，疏通知遠，歸於致用。他們學術的趨向，都顯然和並世諸儒異趣，都有學者視爲常州學派。但因拙文著重在深關時政的經世思想，故擇取以公羊

負荷之隕越。幸遇周志勇任斯道，助我啓予。……」（見氏著：《劉禮部集·詩古微序》（道光十年刻本，無頁碼，以下引此書只註篇名、卷數），卷9。

〔註32〕李兆洛〈詩古微序〉說：「銥割數千年來相傳之篇第，掊擊若干年來株守之序箋，無獨是之見者然乎？然而其所銥割者，所掊擊者，質之以傳記，平之以經文，比款別膝，左右交會。其綜之也博，其擇之也卓，其會之也密，其斷之也慤，守獨是之見者然乎！」（見《詩古微·序》），收入《魏源全集》第1冊。

〔註33〕蔣庖南《七經樓文鈔·與田叔子論古文第三書》曰：「吾因讀其書而私淑其人，其當吾世而獲從捧手者，有劉禮部申甫、龔禮部定庵、魏刺史默深。三君精西漢今文之家法，而又通本朝之掌故。……劉君之文，子政、子雲之流亞也；龔君之文，子長、孟堅之流亞也；魏君之文，管仲、孫武之流亞也。」引自李伯榮著：《魏源師友記》（長沙：岳麓書社，1986），頁124。

〔註34〕《左宗棠書讀·三十四庚辰答陶少雲書》卷20曰：「道光朝講經世之學者，惟默深與定庵。實則龔博而不精，不若魏之切實而有條理。近料理新疆諸務，益嘆魏子所見之偉爲不可及。改設郡縣，龔議多不可行。蓋未親歷其境，不習知山川條列，故所擬見置，大略多舛錯。惟如今制，邊腹不分，治兵之官多，治民之官少，求其長治久安，必不可得，定庵之議固不磨矣。」見《魏源師友記》，頁143。

〔註35〕參見章太炎著：《訄書》（臺北：世界書局），頁24～25；劉師培著：《劉申叔先生叢書》（臺北：大新書局），頁668；梁啓超著：《中國近三百年學術史》，頁29；錢穆著：《中國近三百年學術史》，頁532；張舜徽著：《清儒學記》（大陸：齊魯書社，1991），頁481。

〔註36〕章氏謂：「龔自珍不可純稱今文」，魏源「不得附常州學派」，但亦肯定「龔氏之學，源於莊劉」，魏源「乃思今文爲名高」，此即承認龔魏二人與常州學派之關係，見氏著《訄書》，頁24～25。

學寄託政治理念的莊存與一系爲研究對象。凡論學宗旨異趣如孔廣森、〔註37〕
邵晉涵，〔註38〕李兆洛〔註39〕等，都暫不討論。限於時力，以莊存與、劉逢
祿、宋翔鳳、龔定庵、魏源五位學者爲研究重點，其他則視需要偶有涉及，
而不專文討論。

第二節　常州學派形成之時代因素及其發展

中國學術傳統強調致用，尤其經世思想更關注國計民生的問題，國計民
生問題隨時而變，故經世之學恆針對時代之問題而立言，其發展及轉折關鍵，
常與外在因素有關。另一方面，誠如余英時先生所指出：同樣的外在條件、
同樣的政治壓迫、同樣的經濟背景，在不同的思想史傳統中可以產生不同的
後果，得到不同反應。〔註40〕故拙文探討常州學派形成的時代因素，除政治、
社會等外在因素及學術發展的內在因素外，擬進而探求在此特殊時空下，其
學風發展、轉折之關鍵及其情形。

一、政治與社會環境之激盪

對於中國的統治，滿清頗了解讀書人的關鍵地位，故入關之後極力對付
讀書人。清初採取利用政策，利用漢人之力，使政權逐漸穩固之後；順治十
一、二年即採取高壓政策，康熙十一、二年之後，又採取懷柔政策。所謂懷
柔就是對漢人一面壓制，一面安撫。〔註41〕

康熙初年即有莊廷瓏案，後又有戴名世《南山集》案，至雍、乾間之文
字獄更不可勝數。爲全身避禍，知識份子對於時政噤若寒蟬。另一方面，朝
廷積極刻書、編定大套圖書、詔求海內遺書等，一者使學者敝精耗神於故紙

〔註37〕孔廣森是莊存與的門人，著《公羊通義》，劉逢祿曾論其學曰：「乃其三科九
　　　旨，不用漢儒之舊傳，而別立時月日爲天道科，譏貶絕爲王法科，尊親賢爲
　　　人情科，如是則《公羊》與《穀梁》奚異，奚大義之與有？」（《劉禮部集‧
　　　春秋論下》，卷3）並不承認他爲正宗公羊家。
〔註38〕邵晉涵曾受業於莊存與，成就偏於史學，爲浙東學派。
〔註39〕依梁啓超說法：常州學派有兩個源頭，一是經學，二是文學。文學是從陽湖
　　　派古文轉手而來，張惠言、李兆洛屬常州古文派。詳見氏著：《中國近三百年
　　　學術史》（臺北：華正書局，1989），頁28～29。
〔註40〕參見氏著：〈清代思想史一個新解釋〉，《歷史與思想》（臺北：聯經出版社，
　　　1992），頁124～125。
〔註41〕參見梁啓超著：《中國近三百年學術史》，頁16。

堆中，一者藉機蒐查圖書。這種假提倡學術之名，行箝制思想之實的措施，所發生的影響與文字獄相乘，造成學者研究領域的日益狹隘。終使學術走入考證及古籍整理之途。〔註42〕。

與朝廷控制思想的動機相反，而結果促成學術發展殊途同歸的是學者的反清意識。滿清自北而下，四十日即攻下北京，學士大夫緬懷故國，擁立南明諸王，使滿清統一全國的時間延後十餘年；加上江南學術是全國的主導，梁啓超曾指出：「那時滿廷最痛恨的是江浙人，因為這地方是人文淵藪，輿論的發綜指示所在，『反滿州』的精神到處橫溢。」〔註43〕政治、文化等因素，導致滿清對江南人民的壓迫最甚。〔註44〕梁啓超又說：

> 自康、雍以來，皇帝都提倡宋學——程朱學派，但民間——以江浙
> 為中心，「反宋學」的氣勢日盛，標出漢學名目與之抵抗。到乾隆朝，
> 漢學派殆占全盛。〔註45〕

即謂江浙學術，明白有與朝廷對抗之意。

另一方面，清朝歷代帝王，為了便於統治，無不大力提倡理學。「仁皇夙好程朱」、「特命朱子配祠十哲之列」，又刊定《性理大全》、《朱子全書》等書。乾隆諸帝的輔佐之臣，也多「理學耆儒」，在他們大力提倡之下，一時號稱「宋學倡明」。〔註46〕但所謂的理學名臣，都是墨守程朱，空說義理之輩；一部份知識份子不願附和朝廷，便埋頭於古代經史典籍，專事注疏、辨偽、校勘、輯佚等徵實工夫。政治的壓迫或理學的反動，均是清代學術走向考據的外因，考據之學興起後，逐漸的考證方法更吸引他們，所謂排滿的情緒，就在純學術研究的陶醉中逐漸瓦解。

〔註42〕郭伯恭說：蓋高宗遠見鑒於明末述作，關於遼事者之眾多，近察於漢人之反清觀念深植於社會，於是乃藉「弘獎風流」、「嘉惠後學」為名，一方面延攬人才，編纂四庫，使其耗精敝神於尋行數墨之中，以安其反側；一方面藉收書之機會，盡力搜集漢人數千年來之典籍，凡不如己意者，悉使之淪為灰燼。此高宗編纂《四庫全書》之唯一政治作用也。見《四庫全書纂修考》第一章（臺北：商務人人文庫，1984），頁41。

〔註43〕參見梁啓超著：《中國近三百年學術史》，頁16。

〔註44〕滿清對士氣紳權之摧抑，不遺餘力，如江南奏銷之禍，使紳衿一萬三千餘人盡被褫革。董含《三岡識略》指出：「江南賦役百倍他省，而蘇松尤重。……大約舊賬未清而新餉已近。」即可看出其中消息。

〔註45〕參見氏著：《中國近三百年學術史》，頁24。

〔註46〕參見昭槤著：《嘯亭雜錄‧崇理學》，收入《筆記小說大觀》第27編，第7冊（臺北：新興書局），頁4312。

但是，乾隆中葉以後，內廷腐化，吏治敗壞，和珅權勢不斷增長。乾嘉時代是清朝由盛而衰的關鍵。莊存與性情方正耿介，不願附和和珅，仕途頗受挫折。又曾「以經術傳成親王永瑆于上書房十有餘年。」〔註47〕昭槤指出：「永瑆爲純皇十一子，善書法，……談論書法具備，名重一時，士大夫得片紙隻言，重若珍寶。上特命刊其帖序，行諸海內。」〔註48〕說明永瑆甚得乾隆之寵愛。清代祕密建儲的方式從雍正開始，至乾隆而成定制，因此每一位皇子均有可能成爲皇位之繼承人，且乾隆雖有十七子，卻有十三人早逝，永瑆繼位機會頗大。然永瑆「天性隱忮，卻以權術馭人；不講信義，唯知逢迎權要；守財如命，持家十分苛虐」〔註49〕等原因，使他未被立爲皇儲。

對這些政治的問題，存與懷有深沉的隱憂，當時文網尚密，存與只能隱晦的在學術研究中，藉著經學的遮掩，特別是公羊家所提倡的褒貶精神，間接表達他對當時政治的批判。其後劉、宋、龔、魏一脈相承的治學精神，都表現對現實政治的關切與批判，隨著文網漸弛及政治問題的日益惡化，其學術即呈現不同的面貌。

二、傳統學術之繼承與革新

常州學派思想之形成、治經之方法，是否有所承受？與當時的所謂宋學、漢學之關係爲何？其所異於時趨者何在？是分析常州學派精神所當注意的。

清初大儒學行兼崇，原不分所謂漢宋，諸遺老如孫夏峰、黃梨洲、李二曲、王船山、陸桴廷、顧亭林、顏習齋等都對宋學有很深的造詣。正如錢賓四先生所說：「不知宋學者，無以平漢宋之非，且言漢學淵源者，必溯晚明諸遺老。……漢學諸家之高下淺深，亦往往視其所得於宋學之高下淺深以爲判。」〔註50〕學術發展，必與前代學術相關連。

探討清學走向智識主義及乾嘉考證學的蓬勃發展，一般研究者多從反滿、反理學、或文字獄的逼迫加以分析，此即所謂「外在理路」；余英時先生則更就所謂學術發展的「內在理路」析論，認爲考據學興起之根源，應追溯到明末儒學回歸經典的運動，即與學者重視從經典中去尋找立論根據的趨勢有關，不能把學術的發展完全歸因於政治因素，而從「內在理路」做解釋上

〔註47〕見《魏源集·武進莊少宗伯遺書序》，頁237。
〔註48〕見《嘯亭雜錄·成王書法》，頁4353。
〔註49〕參見滿學研究會撰：《清代帝王后妃傳》上，（北京：新華書店，1989），頁326。
〔註50〕參見氏著：《中國近三百年學術史》，頁1。

的補充。如陳確〈大學辨〉論《大學》之眞偽,雖做考證工夫,目的還是在解決義理上的問題。〔註51〕

余先生又指出:六百年來宋明理學傳統,在清代並未消失,而是融化於清史考證之中。又說清學並不是宋明儒學的反命題,而是近世儒學復興中的第三個階段。在這一階段中,特別值得注意的工作,其一是儒家經典的全面整理,其二是觀念還原的工作。故從思想史的綜合觀點看,清學正是尊德性與道問學兩派爭執不決的情形下,儒學發展的必然歸趨——即義理是取決於經典。〔註52〕然在學術發展上,考證雖有證明義理的功能,余先生也不得不承認,這時候有許多考證學者,只是爲考證而考證。

莊存與師承不可得知,〔註53〕遺書中亦未見與人交遊論學之語,只有朱珪爲序《春秋正辭》云:「同官禁近,朝夕論思,無間術業。」但他鄙棄考據學的瑣碎,重微言大義,則與宋儒治經精神相通;〔註54〕劉逢祿承外祖父莊存與之緒,自幼留外家從學,盡得舅氏莊述祖之傳,致力於發揮公羊學的微言大義;翔鳳義理方面以程朱與董仲舒並尊,〔註55〕又曾游段玉裁之門,兼治東漢許鄭之學,是一個漢宋兼采的代表;龔自珍得段玉裁之傳,而不泥漢學家法;魏源嘗從胡承珙問漢學家法,從姚學塽問宋儒之學,從劉逢祿學公羊,古文辭則與董桂敷、龔自珍相切磋,但對漢宋之流弊均不諱言,曰:「惡夫以餖飣爲漢,空腐爲宋也。」〔註56〕

常州之學承乾嘉之後而起,一則提出通經致用的主張,以救考據學不濟

〔註51〕 參見氏著:《歷史與思想》,頁 121～156。

〔註52〕 詳見氏著:《歷史與思想》,頁 106～153。

〔註53〕 本傳言其幼嘗從學於舅父錢公棻,其外兄即錢惟城,爲存與同榜狀元。故錢賓四先生說他:「有蘇州惠氏之風而益肆,其實則清代考據之旁衍岐趨,不足爲達道。」見《中國近三百年學術史》,頁 525。

〔註54〕 例如侯外廬《中國學術思想通史》謂:「莊氏是當時一位宋學家,在宋學被漢學掩沒的時候,他想從《公羊》義理中,使宋學與漢學結合,著《春秋正辭》……」(北京:人民出版社,1958),頁 630。他雖未能舉出莊存與爲宋學家的證據,但就重微言大義的精神而言,無疑是近於宋學的。

〔註55〕 氏著《過庭錄·道學條》曰「自孔孟之後,異端紛擾,惟董仲舒獨言正誼、明道,韓氏後爲〈原道〉,學者始知道學爲正宗。至濂洛數子,窮極性命,發揮義理,講明切究,以歸實用,朱子搜輯二程遺書,而後洛學大備。……至其辨天理、人欲之分,最爲學問入門要路,學者守此,可以不流於釋氏。」(北京:中華書局,1986),卷 12,頁 212。

〔註56〕 見《魏源集·武進李申耆先生傳》,頁 361。

於用之弊；一則利用考證學者整理的典籍材料，作進一步的學術探討。如李新霖指出：

> 乾嘉以降，考據學雖已沒落，然因學者方法之精，態度之嚴，致力之勤，遂使漢以來古籍，無不爲之琢磨整理：或爲諸經著新疏、或校注古籍、或辨其眞僞、或輯其佚文。其中關係今文學至鉅者，莫過於佚文之蒐輯。〔註57〕

當時如陳其泰《今文尚書》、《三家詩》，馬國翰《玉函山房輯佚書》，王仁俊《玉函山房輯佚書續編》都是今文經的佚書。輯佚工作的成果，頗便於學者進一步研究。

另外，文章學的發展，對常州學派也有重大的影響。如桐城派首張周敦頤「以文載道」及歐陽修「因文見道」之言，以孔孟韓歐程朱之道自居。〔註58〕必義理爲質而後文有所附，考據有所歸。其後桐城、陽湖兩派行於蘇、皖、湘、贛、廣西，如管桐、梅曾亮、惲敬、陸繼輅、張惠言、李兆洛等，都積極提倡文章經世的觀念，風會所及，今文學家亦以文章學著其微言大義，龔、魏皆以文章見稱於世。〔註59〕

於此可知常州學派於漢學考據、宋學義理、及文理學家的以文載道，均有所取，有所革。由於對現實政治之隱憂，而取公羊學講微言大義、便於比附的特性，力加推闡，其形式爲復古，實際上卻是學風的新變化。

三、常州學派發展之轉折

余英時先生「每當政治社會危機深化之際，『經世』的觀念便開始抬頭」〔註60〕之說，正足以解釋常州學派產生的歷史背景及時代意義。所謂「危機」，當可分爲國家整體的危機和個人危機。就莊存與之後政治衰象更明顯，川湖陝的教匪，甘新的回亂，浙閩的海寇，一波未平，一波又起；隨之外患接踵而至。政治的窘境，使學者感到考據學之不濟於用，常州經世之學的形成與

〔註57〕 見氏著：《清代經今文學述》（師大國文所碩士論文，1977），頁57。

〔註58〕 如姚鼐生當漢學鼎盛之際，所論曰：「余嘗論學問之事有三端焉：曰義理也、考證也、文章也。是三者苟善用之，則皆足以相濟；苟不善用之，則或至於相害。」見氏著：〈述菴文鈔序〉，《惜抱軒文集》四（臺北：世界書局，1967），頁46～47。

〔註59〕 參見蕭一山著：《清代通史》（臺北：臺灣商務印書館，1980），頁1951。

〔註60〕 見氏著：《中國思想傳統的現代詮釋》（臺北：聯經出版社，1987），頁420。

發展，隨政治之變化而推移。研究有關史傳、年表等，〔註 61〕可略得常州學派歷史發展之轉折：

莊存與生於康熙五十八年，乾隆十年一甲二名進士，授編修。四遷內閣學士。曾任浙江鄉試正考官，直隸學政等職，以嚴辦滿蒙童生考試舞弊案，被革去直隸學政，留任內閣學士之職。存與始仕於乾隆十三年，猶當滿清盛世。乾隆中葉以後人口激增，形成巨大的社會壓力，各地叛亂不斷發生，乾隆大加鎮壓，軍費浩繁，乾隆四十四年和珅用事之後，政治更加速腐化，存與任職內廷，接近樞祕，深知政治腐化問題之關鍵。乾隆五十一年，和珅為大學士，存與可能受到更嚴重的排擠而退休。及其見逢祿為學篤實，曰：「此外孫必可傳吾學」，即寓有甚深感慨。

劉逢祿生於乾隆四十一年。嘉慶十九年中進士，選翰林院庶吉士，散館改禮部主事。嘉慶初年，當局雖曾力圖振興，但不久即稱「率循舊章，恆恐有所不及，何有維新之處？」親政初期的新政，很快就銷聲匿跡。逢祿幼傳存與之學，通群經家法，凡議禮決獄，多援據經典，致力以何休的公羊學建構成系統化的政治哲學，鍼砭時政，對今文經學的復甦與常州學派的奠立，影響至大。

宋翔鳳小逢祿一歲，嘉慶五年舉人，官湖南新寧縣知縣。由小學入手，

〔註61〕 有關常州學派的共同史傳資料如：《清史稿》、《清代史料叢刊》等外，學者個別資料及今人之研究，有：

一、（莊存與）臧庸著：〈禮部侍郎莊公小傳〉，收入《清代碑傳全集》，頁 1278；魏源著：〈武進莊少宗伯遺書序〉、阮元著：〈味經齋遺書序〉、莊勇成著：〈少宗伯養恬兄弟〉等，收入《毘陵莊氏族譜》；朱珪著：〈春秋正辭序〉、董士錫著：〈易說序〉等收入《味經齋遺書》；龔定盦著：〈資政大夫禮部侍郎武進莊公神道碑銘〉，收入《龔定庵全集》等。

二、（劉逢祿）魏源著：〈劉禮部集敘〉、劉承寬著：〈先府君行述〉等，收入《劉禮部集》（道光十年刊本）；李兆洛：〈禮部劉君傳〉、戴望著：〈故禮部儀制司主事劉先生行狀〉等，收入《清代碑傳全集》。

三、（宋翔鳳）鍾彩鈞著：〈宋翔鳳的生平與師友〉，收入《第一屆國際清代學術研討會論文集》（高雄：中山大學，1993）。

四、（龔定庵）吳昌綬著：〈龔定庵先生年譜〉，收入《龔定庵全集類編》（臺北：世界書局，1973）；王壽南著：〈龔自珍先生年譜〉，收入《大陸雜誌》，第 18 卷 7、8、9 期。

五、（魏源）魏耆著：〈邵陽魏府君事略〉，收入《魏源集》；王家儉著：〈魏源年譜〉，收入《中央研究院近代史專刊》（臺北：中央研究院，1967）；徐光仁〈魏源年譜簡編〉（上、下）（見《華南師範學院學報》，1978），第 1 期；第 2 期。

長於許鄭之學，著作偏訓詁、考證，義理之作以《論語說義》最重要。逢祿著《論語述何》（1812）即謂《論語》總六經之大義，闡《春秋》之微言。至翔鳳作《論語說義》（1840），認爲《論語》是一本政論，全面加以公羊化。逢祿雖謂《論語》中有微言大義，但所作只是追述何氏《解詁》之義，參以董子之說，拾遺補闕等工作，篇幅亦只二卷；翔鳳則大力發揮，以公羊之說解釋《論語》，開啓以公羊說《論語》的新途徑。

　　龔定盦生於乾隆五十七年，嘉慶二十三年中舉人，二十五年入都爲內閣中書，道光九年中進士，仍歸原班。魏源生於乾隆五十九年，魏源於道光九年納貲爲內閣中書，得遍觀祕籍，道光二十四年中進士，曾任知州及東臺縣，爲政平恕，民便之。龔、魏二人齊名於道光士林，肇始於逢祿之賞識與品題，後得力於梁啓超之推揚，故治近代思想史者，多以龔魏二人連稱合論。

　　他們所處的時代內亂紛乘，加上外敵環伺，二人年相若，志相投、道相似，先後受業於逢祿，又均曾任內閣中書，熟悉有清一代典章制度，定盦力倡尊史，長於史論，並將公羊的三世觀擴大運用；魏源則理論與實際並重，積極撰史，以史學經世，成果豐碩，影響深遠。內憂外患使他們亟思有所作爲。仕途蹭蹬，有才無位，同時文網也漸疏，加上文章學的影響，二人常以文章的形式「援經議政」，發揚光大了公羊學，開拓了晚清以經術論政事、著文章的新風氣。

　　故常州學派治學之精神，即在以學術寄託經世思想。湯志鈞先生曾謂莊存與治學的目的「是進一層的維護清朝封建統治，同時也就是進一層的鞏固了自己的地位。」實則莊氏仕宦四十年，被湯氏歸爲「統治階級」，但其爲學精神實出於憂國憂民的一番志節，湯氏謂其學「維護清朝封建統治」，〔註62〕若果如此，則其學當可昭告天下，至少可面諫當朝，而事實上其書卻「祕不示人」，只見其藏諸名山以傳來者的苦心，而無「鞏固」地位的作用。

　　與湯先生之論相反的，又有一些學者從民族精神的角度，讚揚常州學派治經，隱含反清的民族大義。〔註63〕此又不然：其一，在公羊學的傳統裡，諸夏

〔註62〕見氏著：〈清代常州學派與戊戌變法〉，收入《中國三百年學術思想論集》二編（香港：存萃學社，1971）頁69～74。

〔註63〕如侯外廬先生曾說：「借異姓的古義，已經流露出民族革命的萌芽思想。」（見《近代中國學說史》，香港：生活書局，1947年，頁678。）陸寶千先生則說龔自珍主張革命。（見氏著：〈龔自珍的社會政治思想〉，頁73）又如張壽安先生〈龔定盦與常州公羊學〉曰：「三世觀的活用，使議政有了經學的根據，……

與夷狄劃分的標準在「進化」與否；〔註64〕公羊家常以向善、崇尚仁義道德與否，做爲諸夏夷狄的界說。〔註65〕因此公羊學者的態度，或可稱之爲一種「文化本位主義」——「夷狄進而中國則中國之」的態度，而非種族上的民族主義。其二，莊存與時清有天下已百餘年，政權早已獲得承認，此時滿漢界限漸泯，更因國勢日衰、吏治日壞等現象，交互並呈，經世學者所關注的不只是種族問題，更重政治實務問題：因此，他們所致力的是如何「譏世卿」、「刺惡譏微」、「進善誅惡」。其三，常州學者都是積極投入政治之士，莊存與、劉逢祿終身仕宦，宋翔鳳、龔定盦、魏源舉業不順，甚至不惜納貲求官，論其心志，皆在謀救時弊，並無明顯地表現種族上的反清意識。〔註66〕

雖然定盦『遷援其文以比之』的『比』法，誠有些非常異議可怪之論，然而他對於公羊卻是獨具心裁，尤其在異族壓制的衰世，更使他的公羊學含有極深厚的時代意義。」（見《書目季刊》，第 13 卷第 2 期，1979 年，9 月，頁 17）。

〔註64〕例如陳柱《公羊家哲學》曰：諸夏云者，猶日進化之國而已，夷狄云者，猶日未開化之國而已。時或貶諸夏爲夷狄，斥諸夏之退化而已；時或進夷狄於中國，則襃夷之進化⋯⋯。（臺北：中華書局，1980），頁 4。

〔註65〕如論：「定四年書曰：冬十有一月庚午，蔡侯以吳子及楚人戰於伯莒。」曰：「吳，夷狄也，而進稱子，以其有諸夏之行，則諸夏之也。《傳》曰：『吳何以稱子？夷也而憂中國。』又論「庚辰，吳入楚。」曰：『《傳》曰：『吳何以不稱子？反夷狄也。』」（見陳柱著：《公羊家哲學》，頁 60～61）。陳氏之論認爲吳本爲夷狄之邦，前段引文因其有憂中國之心，《傳》乃進稱其爲子，贊揚他有諸夏的義行，就以對待諸夏的態度稱許他；後段引文則謂吳於打敗楚國之後，表現出野蠻行爲，所以《傳》又以夷狄待之。

〔註66〕有關常州學者對滿漢問題之論見，詳見拙文第四章。

第二章　常州學派經學之特質

　　「經」或作「巠」，始見於周代銅器銘文。〔註1〕而《說文》解「經」為「織從絲」，「緯」為「織衡絲」。〔註2〕蓋民生彝倫，經緯萬端，恆常率教，引以為綱紀，故諸子乃有以經字作「經典」的用法，例如曰：

　　　　學惡乎始？惡乎終？曰：其數則始於誦經，其義則始乎為士，終乎為聖人。〔註3〕

　　　　丘治《詩》、《書》、《禮》、《樂》、《易》、《春秋》六經。〔註4〕
但當時如老子《道德經》、李悝《法經》、墨子〈經上〉、〈經下〉等，也都用經字稱所著書，可見戰國時期經字也是書籍的通稱。〔註5〕

　　武帝「罷黜百家，獨尊儒術」後，所謂經，在觀念上就專指《詩》、《書》、《禮》、《樂》、《易》、《春秋》六部書，因樂經沒有流傳下來，五經中《詩》、《書》、《禮》、《易》皆為舊的典籍，只有《春秋》是經過孔子的制作，因此《春秋》在漢代經學中最受重視。五經後，又有七經、九經、十三經之彙集，所謂經學，就是指對這些典籍的特殊研究。

　　西漢經學只有立官與不立官之別。公羊家通三統之說，使武帝以下的儒生感到漢代的太平世已過，漢德已衰，應該有新王朝出現，於是逼出了王莽。

〔註1〕參見湯志鈞著：《兩漢經學與政治》，（江蘇：上海古籍出版社，1994），頁1。
〔註2〕漢・許慎著，清・段玉裁注：《說文解字注》（臺北：黎明文化，1992），頁650～651。
〔註3〕周・荀子著：《荀子・勸學》（臺北：中華書局，1985），頁4。
〔註4〕周・莊周著，清・郭慶藩集解：《莊子集解・天運》（臺北：華正書局，1982），頁531。
〔註5〕參見湯志鈞著：《兩漢經學與政治》，頁63～64。

但新室受命以後，多根據《周禮》建立新朝的王官學。光武中興之後，不但不講《周禮》，前漢公羊學中通三統一類的話，也漸漸變成當代的忌諱了。此後博士官僅成利祿之途，喪失了原來王官學的尊嚴。至《後漢書・儒林傳》以專守一家章句者爲今學，博通數經大義者爲古學。〔註6〕足見今學古學的區分，在治學態度的不同。

至晚清有今文學之主張者，謂漢今文家十四博士道一風同，自成體系，性質上與古文經學爲相對立，其實並非漢儒之眞相。〔註7〕尤其在今文學家的眼中，必以孔子的創制，始可言經學，更可疵議。如說：

> 讀孔子所作之經，當知孔子作六經之旨，孔子有帝王之德而無帝王之位，晚年知道不行，退而刪定六經，以教萬世。其微言大義實可爲萬世之準則。後之爲人君者，必遵孔子之教，乃足以治一國；所謂「循之則治，違之則亂。」後之爲士大夫者，亦必遵孔子之教，乃足以治一身，所謂「君子修之吉，小人悖之凶。」此萬世之公言，非一人之私論也。〔註8〕

即謂經是孔子手定，以教萬世的教科書。然而經的原始材料實先孔子而存在，杜預即已指出，孔子《春秋》是根據魯史策書成文的。〔註9〕至章實齋更進一步闡述六經皆史、周公集大成的觀念。曰：

> 六經初不爲尊稱，義取經綸爲世法耳，六藝皆周公之政典，故立爲經。〔註10〕

〔註6〕 參見錢穆著：《兩漢經學今古文平議》，頁254～255。

〔註7〕 錢穆說：「清代經師，盛尊漢學，高師法家法，已失古人眞態。又強別今文古文，誤謂博士官學，皆同源一本，自成條貫，而古學起與立異。分門別戶，橫增壁壘，掇拾叢碎，加以部勒，還視當時章句，曾不能千萬得一，而肆其穿鑿，強爲級比，積非成是，言漢學者競引據焉。」（見氏著：《兩漢經學今古文平議》，頁231）指出清人以自身的學派觀念，未能認識漢代博士官的眞相。

〔註8〕 見皮錫瑞著：《經學歷史》（臺北：漢京文化公司，2004），頁26。

〔註9〕 杜預曰：「周禮有史官，掌邦國四方之事，達四方之志。諸侯亦各有國史，大事書之於策，小事簡牘而已。孟子曰：楚謂之檮杌，晉謂之乘，而魯謂之春秋，其實一也。……周德既衰，官失其守，上之人不能使春秋昭明，赴告策書，諸所記注，多違舊章。仲尼因魯史策書成文，考其眞偽，而志其典禮。上以尊周公之遺制，下以明將來之法。其教之所存，文之所害，則刪而正以示勸戒，其餘則皆用舊史。」見氏著：《春秋經傳集解・序》（臺北：臺灣商務印書館，1979）。

〔註10〕 見氏著：《文史通義・經解下》，頁110。

> 古之所謂經，乃三代盛時典章法度，見於政教行事之實，而非聖人
> 有意作爲文字以傳後世也。〔註11〕

即專釋六經都是當時之官書——即政府之檔案。周公以聖者而在位，故得創
制典章：

> 自有天地而至唐虞夏商，皆聖人而得天子之位，經綸治化，一出於
> 道德之適然。周公成文武之德，適當帝全王備，殷因夏監，至於無
> 可復加之際，故得藉爲制作典章，而以周道集古聖之成。斯乃所謂
> 集大成也。孔子有德無位，即無從得制作之權，不得列於一成，安
> 有大成可集乎？〔註12〕

但是章實齋只是就制度的創設，強調六藝爲王官學，認爲王官學必出於在位
之王者。不講孔子整理，對經學所產生的意義，顯示他忽略了今文學家所強
調的「經」是聖人創制的觀念。錢穆先生說：

> 我們讀章氏書，卻使我們不能不深進一層來承認古代公羊學之在當
> 時思想史上的地位。至少他們懂得尊進社會新興的私家言，來代替
> 古代傳統的王官學。他們推尊孔子，正爲孔子能和古聖王一樣的制
> 作。因此他的制作一樣可奉後代新王之法度。〔註13〕

即指出章氏忽略家言在學術上的影響。周公是否集古代官學之大成，尚待討
論，而以孔子開創後世家言之傳統，學者殆無異見。古文家強調周公集大成，
孔子不得列於一成；今文家則說孔子是素王，雖不能和古代帝王一樣制作，
但仍能預設制度垂法萬世。

　　常州學派的經學，即在利用公羊學的特質發揮其政治思想：莊存與謂《春
秋》中可求取孔子的「聖法」；劉逢祿說孔子爲萬世立法，又企圖把公羊的微
言大義系統化爲一套政治思想；宋翔鳳則以公羊思想去解釋《論語》，擴張了
劉逢祿公羊化《論語》的路徑。姑不論常州學者是否掌握了漢儒經學的眞相，
但秉承所謂公羊精神，發揮經世致用的主張，在經學史上即已有其時代意義
與學術地位。

　　然而，誠如康有爲所指出，當時科考情形：

> 蓋功令所垂，解義只尊朱子，而有司苟簡，三場只重首場。故令諸

〔註11〕見氏著：《文史通義・經解上》，頁94。
〔註12〕見氏著：《文史通義・道原上》，頁121。
〔註13〕見氏著：《兩漢經學今古文平議》，頁270。

生荒棄群經，惟讀《四書》；謝絕學問，惟事八股。於是二千年之文學，掃地無用，束閣不讀矣。〔註14〕

清代科舉考試制度，雖以四書、五經命題，實際上是以四書為主，五經並不受重視；且五經中《春秋》原以胡安國《傳》為據，其後《春秋》不用胡《傳》，改以《左傳》本事為文，參用《公羊》、《穀梁》。〔註15〕在此種環境之下，莊存與等人欲借經典的注釋發揮經世微意，實難為功；加上政治社會的每下愈況，通經致用，到龔魏才有了大轉變。龔定盦主張只要能發揮救裨當世的功能，借用出沒隱顯的微言，「不必泥乎經史」。換言之，是為當世之務而借鑒古代經史，不是根據古代經史組織一套經理當世之務的理論；魏源《書古微》、《詩古微》，則旨在還原《書》、《詩》的歷史情境，所論亦有別於一般經學的注疏。故龔定盦、魏源均只援經學裡的政治觀念，做為評時論政的理論根據，此即所謂援經議政，故其議以論文的形式為多。

由以上所論，略得五位學者治經之精神面貌，其共同思想淵源則為公羊義法。茲以其對張三世〔註16〕的發揮為例，說明其共同精神之所在。存與曰：

據哀錄隱，隆薄以恩。屈信之志，詳略之文。智不危身，義不訕上，有罪未知，其辭可訪。撥亂啟治，漸於升平。十二有象，太平以成。〔註17〕

存與把春秋時代魯國的十二世，分為撥亂、升平、太平三世。三世之中，《春秋》的書法是「據哀錄隱」，因時代的遠近，所書有詳略的不同。又說以《春秋》衡論政事，要謹守「智不危身，義不訕上」的原則，認為學者只要能通

〔註14〕氏著：〈請廢八股試帖楷法試士改用策論折〉，引自湯志鈞著：《近代經學與政治》，頁62。

〔註15〕詳見《清史稿‧選舉制‧文科》，卷108。

〔註16〕陸寶千〈清代公羊學之演變〉一文，曾區分張三世為書法義、史觀義、政治義三義。書法義是指：公羊傳「所見異辭，所聞異辭，所傳聞異辭。」在不同時代的事件，以不同的文辭來記載。史觀義指：「於所傳聞之世，見治起於衰亂之中」「於所聞之世，見治升平」「至所見之世，著治太平」所謂政治義指：於所傳聞之世，見治起於衰亂之中，用心尚麤觕，故內其國而外諸夏，先詳內而後治外，錄大略小。」「於所聞之世，見治升平，內諸夏而外夷狄。」「至所見世，著治太平，夷狄進至於爵，天下遠近小大若一，用心尤深而詳，故崇仁義，譏二名。」用不同之文辭，表示歷史如何由亂而治，由治而太平。見《廣文月刊》，第1卷第45期，頁1～23。

〔註17〕見《皇清經解‧春秋正辭》，卷375，頁1。

三世的書法義例，自能在《春秋》的文字中求取致太平之道。

逢祿曰：

> 春秋立百王之大法，豈為一人一事而設哉！故曰於所見微其辭，於
> 所聞痛其禍，於所傳聞殺其恩。此一義也，穀梁氏所不及知也。於
> 所傳聞之世見撥亂致治，於所聞世見治升平，於所見世見太平。此
> 又一義也，即治公羊者亦未之信也。〔註18〕

「於所見危其辭，於所聞痛其禍，於所傳聞殺其恩」是一種書法義例，意與逢祿在《釋例》中所闡發的「辨內外之治，明王化之漸，施詳略之文」〔註19〕意思相近，他認為這一層意義是《穀梁》所不及知的。逢祿進一步指出，《春秋》的目的是立百王之法，藉由對歷史演進的三世的褒貶，表現達成由撥亂，到升平，到太平，政治上所應採取的步驟。

翔鳳說：

> 孔子於《春秋》張三世，至所見世而文致太平，於是明禮之本，使
> 先王之禮樂可行於今，遂貶霸術以明其器小。凡霸者之術，其始亦
> 有勝殘去殺之意，其繼不聞，必世後仁之功，所謂假之者非其有；
> 非如王者之道，損益相因，循環不窮。故仲尼之門，五尺之童子羞
> 稱五霸者，以有治器而不用也。〔註20〕

翔鳳寄意於太平世，故特別重視禮樂精神的發揮。他說管仲以霸術佐齊桓，雖有尊王攘夷之功，然終不能宏先王之道，充禮樂之美以致太平者，是因為桓公之德不足以行禮樂之治；又說：「春秋當齊桓之世也，為治起衰亂，裴回而不行。桓之德又不足以及此，故霸者之起，亦世運所限。」〔註21〕至孔子作《春秋》，才能藉張三世之法，寓文致太平的政治理想。

定盦說：

> 通古今可以為三世，《春秋》首尾亦為三世。《大撓》作甲子，一日
> 亦用之，一歲亦用之，一章一部亦用之。

> 君子所大者生也，所大乎其生者時也。是故歲有三時：一曰發時，
> 二曰怒時，三曰威時；日有三時：一曰蚤時，二曰午時，三曰昏時。

〔註18〕見氏著：《劉禮部集·春秋論下》，卷3。
〔註19〕見《皇清經解·春秋公羊經何氏釋例》，卷1280，頁4～5。
〔註20〕見《皇清經解·論語說義》，卷390，頁19。
〔註21〕見《皇清經解·論語說義》，卷390，頁19。

〔註22〕

　　龔定盦將三世靈活運用於一切具發展性的事物，舉凡歷史變化、年月推移、出仕時機，……幾乎無施不可（詳見第三章第二節）。

　　魏源把歷史的發展分爲太古、中古、末世三個階段。中國歷史已經歷了「氣運再造」的過程。他說：

　　　三皇以後，秦以前，一氣運焉；漢以後元以前，一氣運焉。其歷年
　　　有遠近，即其得于先王維持之道有厚薄。〔註23〕

魏源又以三世論治道之發展，文之極則亂，亂之極則必返於質而後治。魏源較一般公羊學者更積極的，是提出在歷史的發展中，人有影響氣運的力量（詳見第三章第三節）。

　　以下各節，試論常州學者治經之特質，並尋繹常州學風發展、轉變之痕跡。

第一節　莊存與通經致用觀與所謂「祕不示人」之學

一、莊存與通經致用思想之學術淵源

　　莊存與自幼「即以古人自期」，曾說：「學以養其良心，益其神智。須旁廣而中深，始能囊括群言，發其精蘊。」又說「讀書必有其法，指之必有其處，持之必有其故，力爭乎毫厘之差，採明乎疑似之介。」〔註24〕可知他有嚴謹的漢學工夫，亦重以義理養心的宋學精神。著有《彖傳論》、《彖象論》、《繫辭傳論》、《八卦觀象解》、《卦氣解》、《尚書既見》、《尚書說》、《毛詩說》、《春秋正辭》、《春秋條例》等，匯爲《味經齋遺書》（以下簡稱《遺書》），〔註25〕又有《味經齋文稿》若干卷。阮元譽其書爲「于六經皆闡抉奧旨，不專專爲漢宋箋注之學，而獨得先聖微言大義于語言文字之外。」〔註26〕莊存與亦自謂：

〔註22〕見《龔定庵全集類編・五經大義終始論答問八・尊隱》，頁83；頁96。

〔註23〕見《魏源集・默觚下・治篇三》，頁43。

〔註24〕見臧庸著：〈禮部侍郎莊公小傳〉，收入《清代碑傳全集》，頁1277。

〔註25〕《味經齋遺書》之外，《皇清經解》（以下簡稱《經解》）收錄《春秋正辭》十三卷；《皇清經解續編》（以下簡稱《續經解》）收錄《卦氣解》一卷、《周官記》五卷、《周官說》二卷、《周官說補》三卷等；於此數書拙文引用將以《經解》、《續經解》爲據，並標明書名、卷數、頁碼，其餘則依據《遺書》，標示《遺書》、篇名、頁碼。

〔註26〕見《遺書・莊方耕宗伯經說序》，頁1。

天地設位，縣日月，布星辰，分陰陽，定四時，列五行。以示聖人，名之曰道。聖人見道，然後知王治之象，故畫州土，建君臣，立律曆，陳成敗，以示賢者，名之曰經。賢者見經，然後知人道之務，則《詩》、《書》、《易》、《春秋》是也。《易》有陰陽，《書》有九章，《詩》有五際，《春秋》有災異。皆列終始，推得失，考天心，以言王道之安危，言天下之至賾而不可惡，言天下之至動而不可亂，蓋三才之道備矣。〔註27〕

以道原於天，經原於聖，《詩》、《書》、《易》、《春秋》其道相通，都是聖人所示的「王治之象」。這種強調聖人、強調「人道之務」的精神，貫串於他所有的著作中。又存與於六經中，最重《春秋》，曾說：

《春秋》以辭成象，以象垂法，示天下、後世以聖心之極。觀其辭，必以聖人之心存之，史不能究，游夏不能主，是故善說《春秋》者，止諸至聖之法而已矣。〔註28〕

《春秋正辭》一書，受明儒趙汸〔註29〕之啓發，〈敘目〉曰：

存與讀趙先生汸《春秋屬辭》而善之，輒不自量，爲隱括其條，正列其義，更名曰《正辭》，備遺忘也。以尊聖尚賢，信古而不亂，或庶幾焉。〔註30〕

趙汸《春秋屬辭》，考列孔子「筆削之義」、「制作之原」，所列八目爲：一存策書之大體，二假筆削以行權，三變文以示義，四辨名實之際，五謹華夷之辯，六特筆以正名，七因日月以明類，八辭從主人。〔註31〕

《春秋正辭》（以下簡稱《正辭》）取法趙書，「隱括其條」、「正列其義」，其內容爲：〈正奉天辭〉、〈正內辭〉上中下、〈正天子辭〉、〈正二伯辭〉、〈正諸夏辭〉、〈正外辭〉、〈正禁暴辭〉、〈正誅亂辭〉、〈正傳疑辭〉共九辭，每辭先有一篇論，明該辭立說宗旨，然後分許多小目，各小目之下舉經文爲綱，綱下再爲小論，論經文所書之事。

〔註27〕見《遺書·八卦觀象解上》，頁28。

〔註28〕見《經解·春秋正辭》，卷387，頁1。

〔註29〕趙汸，明初休寧人。撰有《春秋集傳》十五卷、《春秋屬辭》十五卷、《春秋金鑰匙》等，認爲《春秋》是經世之書。參見《四庫全書薈要·春秋屬辭提要》（臺北：世界書局影印摛藻堂《四庫全書薈要》，經部第41冊）。

〔註30〕見《經解·春秋正辭·敘目》，卷375，頁1。

〔註31〕見《四庫全書薈要·春秋屬辭提要》，經部第41冊，頁42～45。

二、莊存與通經致用之意義與「祕不示人」之隱衷

孫春在指出：《正辭》中，九辭就是他的九旨，九旨主要探討的是「內外」的關係，也就是夷夏之間的關係。又謂：滿漢「內外」關係是清中葉以後公羊學中的一個根本問題。不過莊存與的意思，似乎採取了「夷狄入中國則中國之」的看法，只要滿族接納了中國的標準，即可以中國視之。〔註32〕因此，認爲《正辭》是以公羊的義例，寄託希望滿清接受中國文化的心聲。

滿漢問題誠然是清代知識份子亟欲解決的問題，能融合彼此岐異的是公羊學「大一統」的觀念，存與認爲必須「天無二日，地無二王，郊社宗廟，尊無二上，治非王則革，學非聖則黜。」〔註33〕才能達到「大一統」的理想。《正辭》之九旨，正是存與「隱括其條，正列其義」，以達到「尊聖尚賢，信古而不亂」的目的，故〈奉天辭〉言受命之義：「皇惟享德，乃配天地。」提出受命須有德；〈天子辭〉曰：「王者承天以撫萬邦，爲生民共主。」界定王者的責任：〈內辭〉、〈諸夏〉、〈外辭〉、〈禁暴〉、〈傳疑〉等則論封建制度下，各階層所應遵循的準則。故《正辭》的精神欲從《春秋》的研究中，紬取聖人所垂示的「至聖之法」，以作爲改革政治的指導原則。然而，存與所處的時代，是漢學正盛，「家家許鄭，人人賈馬」的時期，存與爲什麼獨注意「迥異時趨」的經學中的「象」與「法」？今人湯志鈞先生說：

> 莊存與、劉逢祿的宣揚「大一統」，和最高統治者的反對門戶有關，因而他們不爲漢宋藩籬所囿；又和「乾嘉盛世」的危機隱伏以及文化專制主義有關，於是發揮「微言」，強調「經世」，他們是仰承皇帝的旨意的。……他（存與）授讀王子，任職內廷，對中樞情況，自較「在野」爲深，自易隨時揣摩，仰承「聖旨」。〔註34〕

危機隱伏，固然曾使部份憂國憂民的學者，對當時的學術做一番反省；但是，是否因此就必然不爲當時學術的藩籬所囿，實大有辨別的必要。如王念孫身居要職，且曾彈劾和坤，〔註35〕不能不說爲一隱憂國是又極有學術成就者，但終身爲小學之研究；何況在「文化專制主義」的環境下，敢於發揮微言，強調經世，則必然是志節凜然者，不應以「仰承聖旨」視之。相對如毛奇齡

〔註32〕參見氏著：《清末公羊思想研究》（臺北：臺灣商務印書館，1985），頁27～30。
〔註33〕見《經解・春秋正辭》，卷375，頁1。
〔註34〕見氏著：《近代經學與政治》，頁82。
〔註35〕見《清史稿》，列傳268，頁13211。

撰《四書改錯》，專事反對朱子的注釋，後來聽說康熙要把朱子升祀大成殿，即自毀其版，[註36] 似乎這才是仰承「聖旨」的作為。

湯先生似非見不及此，受共產主義階級鬥爭的觀念所左右，刻意強調莊存與治經是「仰承聖旨」的，[註37] 視其動機為完全因利益結合的緣故。此外，他又說：

> 清代今文學者的復興者，又代表哪個階段的利益？是為誰服務的
> 呢？曰代表地主階級，旨在維護封建專制，維護中央集權。[註38]

實際上莊存與所論是否「仰承聖旨」、是否「旨在維護封建專制，維護中央集權」，從其書「祕不示人」一點觀之，湯氏之說已不攻而破。

莊存與家雖累世簪纓，然無一般清代官場貪庸苟安的習氣。臧庸謂其「治家謹嚴而有法，不苟言笑，於世俗聲華玩好之屬，淡然無所嗜，性清介，嚴取予，……。」說明他為人耿直。在官場上莊存與也不結黨營私。例如典試浙江時，巡撫餽以金，不受；遺以二品冠，受之。在途中時，從者告冠鼎上的珊瑚價值千金，雖已離開千里之遠仍遣人送回。[註39]

莊存與治學，尚通經致用，甚重真才實學。曾奏查直隸生員冒籍頂替案：

> （存與）乾隆二十一年充浙江鄉試正考官，九月提督直隸學政。二十
> 六年奏直隸冒籍生員自首改正，每學多至五、六十名，少者十五、六
> 名，尚有未經查出者，恐此後有將本身入學，姓名令兄弟子姪頂替，
> 甚或賣與各省童生頂名呈首，或本人自首於北，而他人頂替於南，若
> 但據自首改回，弊恐不少。請將冒籍各省，暫停南北歲科兩試，定限
> 一年，著落本身自首，即據所首姓名三代籍貫，一面咨禮部存案，一
> 面行文該省取具父師鄉里切實甘結，地方官如具甘結，方准咨回該省
> 學政入冊。如查有假冒頂替，照例辦理。下部議行。[註40]

觀其嚴懲的辦法，當可永絕冒籍鼎替的陋習。此不僅表現出莊存與不因成勢，任事認真的精神，也表現出他企圖建立政府用人的客觀標準；更為難能

[註36] 參見全祖望著：《鮚埼亭集·蕭山毛檢討別傳》（臺北：華世出版社，1977），頁828。

[註37] 如同書頁78～79又詳述乾隆反對門戶、朋黨等上諭，及提出《春秋》的「大一統」、「微言大義」等。

[註38] 見氏著：《近代經學與政治》，頁82。

[註39] 詳見氏著：〈禮部侍郎莊公小傳〉，收入《清代碑傳全集》，頁1277。

[註40] 參見蕭一山著：《清代通史》（臺北：臺灣商務印書館，1980），頁1749。

可貴的是他將此種精神貫徹到當時享用特權的滿、蒙人的考試上。其作爲是：

> 二十三年二月，存與考試滿蒙童生，因關防嚴密，傳遞者不得逞，各
> 童生擁擠鬧堂。經御史湯世昌參奏，命革存與職。尋諭曰：「各童生
> 宣鬧，究因該學政辦理尚屬密，不能傳遞之故，今既審明情節，而該
> 學政竟因此罷職，殊非懲創惡習之意。莊存與著即革職，仍留内閣學
> 士之任。」旋經親臨覆試，將包攬傳遞之童生海成正法，附以鬧場之
> 羅保、和安等發往拉林種地。其餘四十人永遠不准考試。（同上）

滿清入關，對漢人猜防甚謹嚴，爲防政權落入漢人手裡，科舉考試分榜
錄取。滿人子弟享有許多特權，入仕考試，只是形式。莊存與主持考試，關
防嚴密，童生不能接受，竟公然「鬧堂」。在乾隆親自審明情節之後，莊存與
仍被革去學政之職，表現出朝廷不容其以嚴密的關防去考選滿蒙童生。最後
朝廷懲處鬧堂童生的措施，不過爲安撫漢人的權宜之計而已。經此事件，當
使莊存與深自警惕，也更加認清當時情勢。加上文網嚴密，如果其著作再遭
「參奏」，勢必造成嚴重的文字獄，故他深祕其學，終身不敢示人。自阮元謂
莊存與「所學與當時或枘鑿不相入，故祕不示人」始，學者多從當時學風崇
尚考證與文網嚴密論其「祕不示人」之因；然而，所論異時趨，頂多相與講
論者少，大可不必深祕其書，況且經學中之微言大義，頗爲乾隆所重；尤其
《春秋》中有關大一統一義，更是上諭所屢次提倡的。〔註41〕若無嚴辦滿蒙
生舞弊案、奏查直隸冒籍案，則莊存與的著作，誠可被誤認爲湯志鈞先生所
謂的「仰承聖旨」之作。然因二案在前，及細繹其著作內容、一生行事，莊
存與實有一番苦心孤詣在。尋繹他所以還要從事撰述的原因，只可能如龔定
盦所論述的，他是「以學術自任開天下知古今之故」。蓋在現實政治上既不能
施展，又不能公然講論的政治意見，只能轉而寓寄於學術之中，「爲有所權以
求濟天下」，〔註42〕藉著作的流傳以啓發後人。

三、莊存與通經致用之方法

〔註41〕乾隆曾說：「中古之書，莫大於《春秋》，推其教，不越乎屬辭比事。」（乾隆
二十三年御纂《春秋集解》御製序）又說：「熔範群言，去取精審，麟經之微
言大義，炳若日星，朕習有年。」（見《純皇帝實錄》，卷576，頁5；頁7；頁
8）。

〔註42〕見氏著〈龔定庵全集類編・資政大夫禮部侍郎武進莊公神道碑銘〉，頁295）。

　　《正辭》屢言「《春秋》非記事之史」，〔註43〕認爲《春秋》之辭，條例賅括，寓意精深。《春秋》中的「寓意」，即爲其著書之意，茲以〈奉天辭〉、〈天子辭〉爲例，說明其「通經致用」之法。

　　〈奉天辭〉抒論孔子《春秋》爲「應天，受命，作制。」故言「天子之事，以託王法」、「大哉受命，釗我至聖。弗庸踐於位，皇惟饗德，乃配天地。」〔註44〕又存與重言天命，所論常爲顯示天道、天命之徵。曰：

> 明王謹於尊天，慎於養人，故立羲和之官。君動靜以道，奉順陰陽，則日月光明，風雨時節寒暑調和。臣愚以爲：陰陽者，王事之本，群生之命，自古賢聖未有不繇者也。天子之義必純取，法天地而觀於先聖，《書》曰撫於五辰，庶績其疑。〔註45〕

此言君動靜以道，奉順陰陽，就會得到日月光明，風雨時節調和的結果。

　　公羊家認爲孔子利用古人的災異觀念，示時主有所忌憚，以此爲一種救濟良法，故整部《春秋》皆含有警告人之意味。〔註46〕漢儒喜言陰陽災異感應，欲以戒懼人主，如董仲舒之天人感應論，由災異與瑞應之二因素，連鎖而成，其用意在闡明天權以限制君意。董仲舒以後，今文經師多言天人災異，皆意在匡正時君。〔註47〕莊存與承之，所言爲傳統之公羊觀念，似非什麼驚人之論。但若以當時文字之獄、加上康熙「入我朝不信祥瑞」之說衡之，則存與此論，不惟不能仰承聖旨，實爲大犯忌諱。存與既身在內廷，何以不避忌？且「臣愚以爲」以下，簡直爲對國君之諫言，亦可視爲他對國君施政的要求。

　　〈奉天辭〉中發揮五行不順、五事不配並非自然發生，而是人行不善有以致之。如：

> （《春秋經・恒公十四年》）秋八月壬申，御廩災。

> （《正辭》）董仲舒以爲先是四國共伐魯，大破之於龍門，百姓傷者未瘳，怨咨未復，而君臣具惰，內怠政事，外侮四鄰。非能保守宗

〔註43〕例如〈內辭〉上曰：「《春秋》不書，非記事之史也。」（見《經解・春秋正辭》，卷377，頁2）；〈內辭〉中曰：「《春秋》非記事之史也。」（見《經解》，卷377，頁15）。

〔註44〕以上引文均見《經解・春秋正辭》，卷375，頁1。

〔註45〕見《經解・春秋正辭》，卷375，頁4～5。

〔註46〕參見程發軔著：《春秋要領》（臺北：三民書局，1989），頁28。

〔註47〕漢代災異論盛衰之大勢，蕭公權先生言之甚詳，可參閱。《中國政治思想史》（臺北：華岡書局，1977），頁305～306。

廟，終其天年者也，故天災御廩以戒之。

（《春秋經·昭公十八年》）夏，五月壬午，宋、衛、陳、鄭災。

（《正辭》）董仲舒以爲象王室將亂，天下莫救，故災四國。言亡四方也。又宋衛陳鄭之君皆荒淫於樂，不恤國政，與周室同行，陽失節則火災出，是以同日災也。〔註48〕

御廩災，起於君臣俱惰，德不足以保守宗廟，終其天年；而宋衛陳宋災則因王室將亂，故災四國。表面上陳述董仲舒之言，實爲莊存與之微言。

五行與人之關係，莊存與認爲：

天地之大者在五行，各一其性，不得相干，微召若影響。其失也，不知捄則已，如欲捄之，不敢不察其故，所謂《春秋》之道，舉往以明來也。五行之失如疾然，氣雖亂，各有所主；不存其意，不貫其理，以此事天，何異許止之不嘗藥也。〔註49〕

又引〈洪範〉言五事爲：貌、言、視、聽、思。即人之官覺功能，爲人認識外界之管道，亦用以知天道；五事有變，就會天降災異。故爲政應以敬事天，曰：

所以事天，故曰敬事一不修，敬有闕爾，皇之不極，非不克建而已，乃蕩然大壞，逆天道甚也。是故五事有變，傷其質，質具於地，皇極不建，疹其象。〔註50〕

由這些例子說明莊存與言災異的目的，在使當政者知所警戒，任何耳目所及，乃至大自然的陰陽變化，都要引以爲鑒，反躬自省，故要避免災異，根本之道，就是以敬事天，其在政治上的表現就是修德施仁。

上文曾說存與論「內外」，是以文化爲劃分夷夏的標準，王者必需符合一些公羊學的標準。如論「天子可貶乎？曰：以天道臨之可也。」〔註51〕故又論述王者之責任在撫萬邦，曰：

王者承天以撫萬邦，爲生民共主。嗟嗟周德，光於文武，亦越旣東，天命永固，永固在下，諸侯以僭，大夫陪隸，用貴治賤，挈諸王者。

〔註52〕

〔註48〕見《經解·春秋正辭》，卷375，頁13；卷375，頁15。

〔註49〕見《經解·春秋正辭》，卷375，頁12。

〔註50〕見《經解·春秋正辭》，卷375，頁10。

〔註51〕見《經解·春秋正辭》，卷376，頁2。

〔註52〕見《經解·春秋正辭·敍目》，卷375，頁1。

指出爲政之基礎有賴諸侯、大夫等之襄輔。本辭所論有：「正王伐」、「正王守」、「正王居」、「正王入」等。存與認爲欲求長治久安，首在正王躬。曰：

> 王躬不可以不省，不可以不重。輕用其民，王室危；輕用其身，天下危。從命拒命，不竟錄也。鄭罪既盈於誅，《春秋》之義，務全至尊而立人紀焉。〔註53〕

所論王者之責任是正王躬、立人紀以求長治久安，莊存與假《春秋》以立言，表面上是經典的注釋，但從其強調「《春秋》爲萬世立法」、「研經求實用」、「讀書之法，指之必有其處，持之必有其故」等宣言觀之，可以肯定莊存與是藉經典的注釋，表現他的政治思想。

第二節　劉逢祿之系統化公羊學

莊存與雖於常州學派有開創之功，然因其學祕不示人；《正辭》又據趙汸《春秋屬辭》而作，未能直接上承漢代董仲舒、何休的統緒，探尋《春秋公羊傳》的本義，且莊存與又兼治今古文，未能辨析家法等因素，常州學派的真正奠基者是劉逢祿。至劉逢祿出才承董仲舒、何休之統緒，「由董生《春秋》以窺六藝條貫，由六藝以求聖人之統紀。」〔註54〕從而使《春秋》大義重新彰顯於世，及今文經學的全面復甦。

劉逢祿致力於今文經學，於各經均有撰作，以《春秋》是垂法萬世，爲世立教，能救萬世之亂的書，故著書以闡發《春秋》大義爲宗旨。所著公羊之書有十一種，〔註55〕重要者如：《春秋公羊經何氏釋例》十卷、《論語述何》二卷、〔註56〕《發墨守評》一卷、《箴膏肓評》一卷、《穀梁廢疾申何》二卷

〔註53〕 見《經解·春秋正辭》，卷376，頁3～4。
〔註54〕 見《魏源集·劉禮部遺書序》，頁242。
〔註55〕 劉逢祿說經之作，多刊入《經解》中。有關《春秋》之書另有太清慶、養一齋兩本，但前後曾數易易稿，孫海波謂：「經解本、太清慶本，養一齋本，序文詳略不同，又文集收入二十五篇係改訂本。」拙文引證以《劉禮部集》及《經解》本爲據，有關各版本之異同及各書的刊刻情形，可參見氏著：〈書劉禮部遺書後〉，收入《中國近三百年學術思想論集》（香港：崇文書店，1971）。
〔註56〕 《後漢書》所載，乃劉氏肯定何休有《論語》注之主要依據。阮孝緒《七錄》、《隋書·經籍志》不載何注《孝經》、《論語》之目，何晏撰《論語集解》所引各家注，也不及何休，可能其書在魏晉之際就已亡佚。後來學者如江瀚《續修四庫全書提要·論語述何》一書即認爲何休根本無《論語》注。參見胡楚生先生著：〈劉逢祿「論語述何」析評〉，收入《第二屆全國清代學術研討會

《何氏解詁箋》等，逢祿「通經致用」的精神，雖承自莊存與，〔註57〕然研究的經典已傾注於今文經學，其主要著作均與何休有關。〔註58〕曾說「諸經求其知類通達，微顯闡幽，則《公羊傳》在先漢有董仲舒氏，後漢有何邵氏。」公羊思想經過何休的研究，已歸納出三科九旨的核心思想，因此推崇何休「傳經之功，時罕其匹。」〔註59〕抨擊古文經學詳訓詁而略微言，以為《左傳》不傳《春秋》，其中義法凡例出自劉歆偽造，並撰《左氏春秋考證》，以其為雜史，猶如《晏子春秋》、《呂氏春秋》。企圖以何休學為基礎，建立一套系統化的政治哲學。何休《解詁》承《公羊傳》闡發《春秋》的微言大意，故徵引群書，雜揉讖緯，透過三科九旨等各種義例的推闡，以求撥亂致治之法；劉逢祿則以《釋例》詳加類聚。何休對義例之推闡，劉逢祿之類聚，是否能通貫《春秋》，合於孔子修作之意，經學史的研究可有不同見解；但其執例詮經所彰顯之意義，即為其經世之用心。換句話說，《解詁》欲借《春秋》發展出一套撥亂反正之法，而《釋例》則歸納這套法則，使之條理化、客觀化，使人更易於掌握這個撥亂反正的標準。〔註60〕

另外應注意的是，劉逢祿之學雖多與何休有關，卻非完全墨守何學，往

　　　論文集》（高雄：中山大學，1991 年）。

〔註57〕劉承寬曰：「府君于《詩》、《書》大義，及六書小學，多出于外家莊氏。」見《劉禮部集・先府君行述》，卷 11。

〔註58〕何休之學，近承李育、羊弼，遠紹胡毋生。志在振《公羊》於既衰，導今文章句之失，而以詁訓大義、經世致用為務。史傳謂何休：「與其師博士羊弼，追述李育意，以難二傳。」（見《後漢書・儒林傳》（北京：中華書局 1997，卷 79 下，頁 2583。）《解詁・序》云：「往昔略依胡毋生條例，多得其正。」又言其作書之意因，有三：1.傳《春秋》者非一，說者疑惑，至有倍經任意，反傳違戾者。2.講誦師言，援引他經，失其句讀，至使貫達緣隙奮筆，以為《公羊》可奪，《左氏》可興。3.恨先師觀聽不決，多隨二創，斯為守文持論敗績失據之過。（見《春秋公羊傳何氏解詁・序》（臺北：中華書局據永懷堂本校刊，1992，頁 1～2）。何休著作據《隋書・藝文志》所錄有：《春秋公羊解詁》十一卷、《春秋公羊墨守》十四卷、《春秋左氏膏肓》十卷、《春秋公羊文諡例》一卷、《春秋漢議》十三卷（北京：中華書局 1997，卷 32，頁 930～931）。此外，《後漢書・儒林傳》言其「注訓《孝經》、《論語》、風角七分。」（北京：中華書局 1997，卷 79 下，頁 2583）。此三者〈隋志〉均不錄，殆亡佚已久。

〔註59〕見《經解・公羊春秋何氏解詁箋敘》，卷 1290，頁 1。

〔註60〕陸振岳〈劉逢祿的公羊學〉一文，指出逢祿方法上受莊存與屬辭比事的影響，謂《公羊何氏釋例》從頭到尾全部是屬辭比事。屬比的結果，「例」就出來了。尋繹《春秋》書法的同和異及其所以同異之點，就是「例」的所在。（收入《蘇州大學學報》，1992 年，第 3 期）。

往有其獨見或兼采其他說法的，如「箋中規何五十餘事，……于其不苟爲異，益知其同者之非苟同也。」〔註61〕尤有進者，在評論政治制度方面，他比何氏更重客觀制度，〔註62〕表現出他的政治主張及經世手段。因此可說劉逢祿並非以張揚何休之學爲目標，而是藉之爲闡發經世思想的工具。

《釋例》是逢祿用力最深之作，《經解》本十卷三十例的目次是：

卷一：張三世例第一、通三統例第二、內外例第三。

卷二：時月日例第四。

卷三：名例第五、襃例第六、譏例第七。

卷四：貶例第八、誅絕例第九。

卷五：律意輕重例第十。

卷六：王魯例第十一、建始例第十二、不書例第十三、諱例第十四。

卷七：朝聘會盟例第十五、崩薨卒葬例第十六、大國卒葬表第十七、小國進黜表第十八、秦楚吳進黜表第十九。

卷八：公終始例第二十、娶歸終始例第二十一、致公例第二十二、公大夫世系表例第二十三、大夫卒例第二十四。

卷九：侵伐戰圍入滅取邑第二十五、地例第二十六、郊禘例第二十七、闕疑例第二十八、主書例第二十九。

卷十：災異例第三十。〔註63〕

這些義例雖是歸納《解詁》而來，但《解詁》注訓無此系統，故可視爲他的創造。〔註64〕以下試以《釋例》中之三科九旨爲例，論述劉逢祿如何例用《解

〔註61〕見劉承寬著：〈先府君行述〉，收入《劉禮部集》，卷11。

〔註62〕劉氏重視客觀制度，鍾師彩鈞〈劉逢祿公羊學概述〉一文，曾以《公羊傳》與《解詁》爲同一單位，與劉逢祿的思想相比較，發現在評論政治制度方面，公羊──何氏除對倫理制的尊重外，不免滯於倫理溫情；劉氏根據的則完全是客觀化的倫理制度。例如從倫理溫情的角度，公羊──何氏推崇讓國的行爲，劉氏則反對讓國，認爲此舉將破壞世襲制度，服從客觀制度才合於道德，因感情因素而違反客觀制度，則須加以貶責。（收入《第一屆清代學術研討會論文集》（高雄：中山大學1989）。

〔註63〕見《經解・春秋公羊經何氏釋例》，卷1280，頁1。

〔註64〕劉逢祿晚年曾改訂的體例，於篇目有所調整，其目次爲：釋三科例上（張三世），中（統三通），下（異內外）；釋九旨例上（時、月、日），中（爵、氏、名字），下（襃、譏、貶、絕）；釋特筆上（主書），中（律意輕重），下（建始）；釋削例上（不書），中（諱），下（闕疑）；釋體制上（郊禘），中（朝、聘、會、盟），下（娶、歸、終始）；釋內事上（公終始），中（致公），下（內

話》，組織成系統化的公羊學。

一、三科九旨的歷史發展

三科九旨的內容，何休《文謚例》曰：「三科九旨，新周、故宋，以《春秋》當新王，此一科三旨也；又云所見異辭，所聞異辭，所傳聞異辭，二科六旨也；又內其國而外諸夏，內諸夏而外夷狄，是三科九旨也。」〔註 65〕分析如下：

1. 通三統

《公羊傳》內魯，只有「新周」（公羊宣公十六年傳）一辭。董仲舒期於新王朝建立之後，以前二朝爲二統，備參考及借鑑，故謂孔子作《春秋》，即以魯國爲新王，向前推溯二代，即以殷、周爲二統，而夏則因年代久遠，無參考價值而被黜。魯與周商並列爲三，此之謂存三統。〔註 66〕何休又因《春秋》「託王於魯」（公羊隱公十年傳何休注），富有革命思想，而有孔子爲漢制法之說。〔註 67〕

2. 張三世

《公羊傳》「所見異辭、所聞異辭、所傳聞異辭」〔註 68〕等語分別三見於

大夫卒）；釋兵事例（侵、伐、戰、圍、入、滅、取邑）；釋地例，釋災異例，十七諸侯終始表序，秦楚吳進黜表序。改定後的篇目較有層次，可輕易看出其政治思想的系統。（劉承寬〈釋九旨例中・附記〉曰：「晚年改訂體例，故與『釋』不相應」。見《劉禮部集》，卷 4。）

〔註 65〕見漢・公羊壽撰，漢・何休注，唐・徐彥疏：《春秋公羊傳注疏》（臺北：中華書局，1966），頁 3。另有一種說法爲宋氏之說，曰：「一曰張三世，二曰存三統，三曰異內外，是三科也。九旨者，一曰時，二曰月，三曰日，四曰王，五曰天王，六曰天子，七曰譏，八曰貶，九曰絕。時與月日，詳略之旨也；王與天王、天子，是遠近親疏之旨也；譏與貶絕，則輕重之旨也。」（同上）。

〔註 66〕董仲舒曰：「《春秋》應天作王之事，時正黑統，王魯尚黑，黜夏、親周、故宋。」又曰：「王者必受命而後王，王者必改正朔，易服色，制禮樂，一統於天下，所以明易姓，非繼人，通以己受之於天也。」見氏著蘇輿撰《春秋繁露義證・三代改制質文》（臺北：中華書局，1992），頁 187～189；頁 185。

〔註 67〕何休曰：「知漢當大亂之後，故作撥亂之法以授之。」《春秋公羊傳何氏解詁・哀公十四年》，卷 28，頁 6。

〔註 68〕據孫春在之說，這句話的涵義，也有可能是作者在說明經中所記之事不確定，存「異辭」而已。在《公羊傳》中，存有相似的語法，如「隱公二年十月紀白莒子盟於密」、「桓公十四年五月鄭伯使其弟語來盟」、「文公十四年九月宋子哀來奔」等條下，注「無聞焉耳」。參見氏著：《清末公羊思想》（臺北：臺灣商務印書館，1985），頁 13。

隱公元年、桓公二年，哀公十四年之傳文，但無三世說。到董仲舒有「三等」之說，〔註69〕後至何休有「三世」之說，〔註70〕「三等」、「三世」之名雖不同，均以所傳聞世、所聞世、所見世，代表隱桓莊閔僖、文宣成襄、昭定哀三個歷史發展的不同階段。

3. 異內外

　　對「異內外」，何休以「內其國而外諸夏」、「內諸夏而外夷狄」等語，謂公羊家認為《春秋》以魯為中心，依親疏內外而有「魯」、「諸夏」、「不分諸夏夷狄」三層次。內外層次不同，《春秋》書法標準亦異；其一，以魯為內，諸夏為外，則詳內略外，於內之大惡，則諱而不書。〔註71〕其二，以諸夏為內，夷狄為外者，則書外離會。〔註72〕其三，不分諸夏夷狄，以禮義文化為價值標準，故有斥中國為新夷狄，及以子爵稱吳的情形。〔註73〕

〔註69〕董仲舒說：《春秋》分十二世以為三等，有見、有聞、有傳聞。有見三世，有聞四世，有傳聞五世。故哀、定、昭，君子之所見也；襄、成、宣、文，君子所聞也；僖、閔、莊、桓、隱，君子之所傳聞也。所見六十一年，所聞八十五年，所傳聞九十六年。於所見，微其辭；於所聞，痛其禍；於所傳聞，殺其恩，與情俱也。（見《春秋繁露義證‧楚莊王》，頁9～10）。

〔註70〕何休說：異辭者，見恩有厚薄，義有深遠，時恩衰義缺，將以理人倫，序人類，因制治亂之法。……於所傳聞之世，見治起於衰亂之中，用心尚麤觕，故內其國而外諸夏，先詳內而後治外，錄大略小，內小惡書，外小惡不書，大國有大夫，小國略稱人，內離會書，外離會不書是也。於所聞之世，見治升平，內諸夏而外夷狄，書外離會，小國有大夫……至所見之世，著治太平，夷狄進至於爵，天下遠近小大若一，用心尤深而詳，故崇仁義，譏二名。（見《春秋公羊傳何氏解詁‧公羊隱公元年十二月》，卷1，頁7～8）。

〔註71〕詳內：《公羊經‧莊公元年》：「王姬歸于齊」《公羊傳》云：「何以書？我主之也。」此事《左傳》有經無文，《公羊》則以魯國主持婚禮之故才會記在《春秋》上，這就是其「詳內」的原則。（見《春秋公羊傳何氏解詁‧莊公元年》，卷6，頁4）；略外：《公羊經‧襄公九年》：「春，宋火。」《傳》云：「外災不書，此何以書？為王者之後記災也。」（見《春秋公羊傳何氏解詁‧襄公九年》，卷19，頁10）；諱內大惡：如《公羊經‧隱公二年》：「無駭帥師入極。」《傳》云：「此滅也，其言入何？內大惡諱也。」（見《春秋公羊傳何氏解詁‧隱公二年》，卷2，頁2）。

〔註72〕如《公羊經‧宣公十一年》：「秋晉侯會狄于攢函。」（見《春秋公羊傳何氏解詁》，卷16，頁3）。

〔註73〕例如：《公羊經‧昭公二十三年》：「戊辰，吳敗頓、胡、蔡、陳、許之師于雞父。」《傳》云：「然則曷為不使中國主之？中國亦新夷狄也。」（見《春秋公羊傳何氏解詁》，卷24，頁2）；又《公羊經‧定公四年》：「冬，十有一月，庚午，蔡侯以吳子及楚人戰于伯莒。楚師敗績。」《傳》云：「吳何以稱子？夷狄也而憂中國。」（見《春秋公羊傳何氏解詁》，卷25，頁7）。

何休納內外、遠近、詳略、輕重之旨，於「三世」之中，由異辭而知歷史如何由亂而治，由治而太平，結合張三世與異內外，使《春秋》撥亂反正之法，有其施行之步驟與時間，而達於人道浹、王道備的太平世。〔註74〕

何休的九旨即寓於三科之中，劉逢祿則兼採取宋氏時、月、日、褒、譏、貶、絕等，加上自己所「屬比的結果」，而有三十例。

二、劉逢祿對三科之組織

劉逢祿之論三科，首為張三世、次為通三統，末為異內外。次序與何休《文諡例》所云不同。

1. 張三世

何休納通三統、異內外於三世之中，劉逢祿則申明《春秋》所錄十二公二百四十年之事，足以著治法式，故曰：

> 親親之殺，尊賢之等，禮所生也。《春秋》緣禮義以致太平，用坤乾
> 之義以述殷道，用夏時之等以觀夏道；等之不著，義將安放？故分
> 十二世以為三等，有見三世，有聞四世，有傳聞五世。於所見微其
> 詞，於所聞痛其禍，於所傳聞殺其恩。由是辨內外之治，明王化之
> 漸，施詳略之文。〔註75〕

2. 通三統

對三統之觀點，《解詁》釋傳文「制《春秋》之義，則俟後聖。」曰：「待聖漢之王以為法」。即以《春秋》為為漢制法；劉逢祿則曰若能通三王之道，「舉而措之萬世無難矣。」〔註76〕持論與莊存與「孔子為萬世制法」說相同。又曰：

> 王者受命必徙居處，改正朔，殊徽號，變犧牲，異器械，明受之於
> 天，不受之於人。
>
> 王者存二王之後，使統其正朔，服其服色，行其禮樂，所以尊先聖，
> 通三統，師法之義，恭讓之禮，于是可得而觀之。
>
> 昔顏子問為邦，子曰：「行夏之時，乘殷之輅，服周之冕，終之曰樂

〔註74〕 參見張廣慶著：《何休公羊解詁研究》（臺灣師大中文所碩士論文，1989年），頁292。

〔註75〕 見《經解·春秋公羊經何氏釋例》，卷1280，頁4。

〔註76〕 以上引文見《經解·春秋公羊經何氏釋例》，卷1280，頁5；卷1280，頁6；卷1280，頁9。

則韶武。」蓋以王者必通三統，而治道乃無偏而不舉之處。自後儒

言之，則曰法後王，自聖人言之，則曰三王之道若循環，終則復始，

窮則反本，非僅明天命所授者博，不獨一姓也。〔註77〕

劉逢祿舉《解詁》之言，說明王者存二王之後，及改質文之意義，目的在使
時君體認天命循環，不獨一姓的道理。故爲政之道，應以前代歷史爲鑒，因
革損益，以求得乎中道。故董仲舒〈天人三策〉所論「繼治世者其道同，繼
亂世者其道變。」其精神重在治法問題，劉逢祿將之轉爲受命問題，王者受
命於天，必須時時戒愼恐懼以保天命。

3. 異內外

〈內外例〉釋《春秋》對「內外」關係的不同，而有書法上的差別。例
如：

隱元年注所傳聞世，外小惡不書，書者來接內也。

又《傳》外逆女不書。注內逆女常書，外但疾始，不常書者，明當
先自正，躬自厚而薄責於人，故略外也。〔註78〕

此例表面上是在歸納《春秋》書與不書，有內外不同的標準，而中心思想則
在闡釋「《春秋》以內爲天下法」〔註79〕的精神。曰：

愼言行、辨邪正、著誠去僞，皆所以自治也。由是以善世，則合內
外之道也。至于德博而化而君道成，《春秋》所謂大一統也。夫治亂
之道非可一言而盡，……《春秋》推見至隱，舉內包外以治纖介之
慝，亦歸于元。始正本以理萬事，故平天下在誠意，未聞枉己而能
正人者也。……爲治平者，反身以存誠，強恕以求仁而已矣。〔註80〕

此即藉由對內的書法標準，而建立人君愼言行、辨邪正、著誠去僞，德博而
化，始正本以理萬事，平天下在誠意等爲政的道德修養及胸懷。

由上所述，逢祿對三科的闡述，可視爲他對封建制度的基本立場。就張三
世而言，是時代越近書法越明；通三統則強調天命循環及以史爲鑒的道理；異
內外則寄望人君由內做起，始於正本而達到理萬事的目的。由於這種態度和認
識，於是他透過各種義例，來褒其可褒、貶其可貶，以建構較爲客觀的制度。

〔註77〕見《經解・春秋公羊經何氏釋例》，卷1280，頁8。

〔註78〕見《經解・春秋公羊經何氏釋例》，卷1280，頁9；卷1280，頁9～10。

〔註79〕見《經解・春秋公羊經何氏釋例》，卷1280，頁11。

〔註80〕見《經解・春秋公羊經何氏釋例》，卷1280，頁12。

三、劉逢祿對九旨之闡釋

1. 時月日例

　　《春秋》書時書日，爲承自舊史，或爲孔子筆削以寓褒貶，頗引起爭議。《公羊傳》記時月日者有二十二條，未加論斷褒貶。歷經兩漢公羊後師的闡發、口授，其例愈廣、其義愈繁，何休總理前賢遺意，致《解詁》廣用時月日例以詮釋經文。劉逢祿歸納何休所詮釋之例，得五十餘類：

　　例時的情況有：朝、聘、會、君大夫盟大信、微者盟、來盟、侵、伐、圍、入、戰、取邑、救、至、討賊、執、外大夫奔、小國篡、復歸、失禮宗廟、蒐、狩、求、小國遷、獻捷、內女棄歸有罪、稱國以弒、執大夫、小國君奔、變制、外疚、諸侯相執。

　　例月的況有：君大夫盟小信、入（例時）傷害多、詐戰、滅、遷大國、潰、大國葬、大國君奔、內大夫奔有罪、大國篡、天王葬、夫人至、補注夫人出會如外國、外弒未逾年君。

　　不月的情況有：夷狄滅微國、外城。

　　例日的情況有：偏戰、定哀滅、大國卒、內大夫奔無罪、失禮鬼神、弒、內女棄歸無罪。

　　不日的情況有：桓之盟。（《公羊傳》還有取邑、即位不日，劉氏未立此二類。）

　　逢祿以《解詁》之用意，在將時月日書法與三世義相融合。故曰：

> 《春秋》不待褒譏貶絕，以日月相示，而學之者湛思省悟。故曰經世先王之志，聖人議而勿辨，其言彌微，其旨彌顯。使人屬辭比事而辨惑崇德，斯善學矣。〔註81〕

從朝聘會盟到祭祀、卒、葬均有定制，凡是不合制度或時宜的，即以時月日例寓褒貶之意。而時月日例根據什麼原則、爲什麼此處以例日爲褒而彼處又以不日爲褒，則不可得而知。

2. 名例及褒譏貶誅絕等

　　劉逢錄爲維持封建秩序的穩定，上層爵位繼承需有定制，不可僭越。釋九旨則顯見其正名之目的即是嚴分等級。〔註82〕逢祿曰：

> 辨名正分，莫著于《春秋》，《春秋》上刺王公，下譏卿大夫而逮士、

〔註81〕見《經解・春秋公羊經何氏釋例》，卷1281，頁32。
〔註82〕從孔子開始，正名思想就是維持封建政治秩序的重要力量。

庶人，則爵等之數尤所汲汲矣。……夫是天子嚮明，諸侯自爲正，
禮樂行于上，刑罰措于下，則正名之道得也。〔註83〕

爲發揮正名思想，《釋例》以名例與三科九旨之書法相融合，所譏之事如：貪、
君失道、失教戒、僭、亂昭穆、弛武備、不恤民、不親親、失賢、納佞、慢
王事等均由君臣之道廢而致。名例之精神在由當政者自身做起，而收風行草
偃之效，故劉逢祿再三強調：

《春秋》以魯爲天下化首，被王化者在可備責之域，故從內小惡舉
也。然則詳于王而略于侯國，正王以率侯也；詳大國而略小國，正
大以率小也；詳諸夏而不及夷狄，正內以率外也。〔註84〕

傳位以貴不以賢，然而世襲之人並不一定能掌理實際政務，故實際政務
應舉賢任能。因此，逢祿力倡任賢，褒例即論賢者對政治及社會的重要性。
曰：

王者之治，將欲養民興學，莫先建侯。……將欲興滅繼絕，又莫先
辨賢。……《春秋》所貴乎持世，乃在此不在彼，爲上可以知取人，
爲下可以知勉學矣。〔註85〕

興滅繼絕，有賴賢者，因此進而提出求賢之道；應建立褒賞標準及恢復春秋
時期舉賢之制。而所謂賢者，應以德性爲尙，非科舉所取的文學辭章之士。
曰：

今小民有罪則能以法治之，有善則不能賞；而爵祿所及，未必非有
文無行之士，是以賢不肖混淆而無所懲勸。是宜修春秋舉賢之制，
而唐宋以來試士之法，以次漸廢，則朝廷多伏節死義之臣，而閭巷
多砥行立名之士。斯結人心、厚風俗、存紀綱之要道也。〔註86〕

行事失當，《春秋》志之。故纂輯失禮之事，如：

桓二年，取郜大鼎於宋。戊申，納于太廟。《傳》曰：「譏遂亂，受
賂納于太廟，非禮也。」〔註87〕

（莊）二十四年，刻桓公桷。《傳》，譏非禮也。〔註88〕

〔註83〕見《經解·春秋公羊經何氏釋例》，卷1282，頁11。
〔註84〕見《經解·春秋公羊經何氏釋例》，卷1282，頁12。
〔註85〕見《經解·春秋公羊經何氏釋例》，卷1282，頁20。
〔註86〕見《經解·春秋公羊經何氏釋例》，卷1282，頁20～21。
〔註87〕見《經解·春秋公羊經何氏釋例》，卷1282，頁21。
〔註88〕見《經解·春秋公羊經何氏釋例》，卷1282，頁22。

所舉共九十事，多為諸侯貴族失禮、僭越而發，其精神在「退諸侯，討大夫。」以求維持封建禮制於不墜。

貶例用於罪惡重大、影響深遠之事。如：疾始滅、譏世卿、與弑公、譏以妾為妻、喪娶、大夫專職、大夫專廢置君等。貶的方法有不氏（因其罪輕重有終身貶之、終隱之篇貶之、終僖之篇貶之）、隱之、稱人等。例如：

> （文）十四年，晉人納接菑於邾妻，弗克納。《傳》，此晉郤缺也，貶，不與大夫專廢置君也。

> 定元年，晉人執宋仲幾于京師。《傳》，其言于京師，伯討也；其稱人，貶，大夫之義不得專執也。〔註89〕

誅絕例用於：篡弑、殺大夫、伯討、諸侯相殺、王侯大夫奔叛、逐大夫、納大夫、大夫專命、滅獲、匱亡、失地君、復封、伐上、叛上、狄中國、吳楚王等情況。例如：

> （隱四年）冬十有二月，衛人立晉。《傳》，立者不宜立也，稱人，眾立之之辭也。注明下無廢上之義，聽眾立之，篡也。立、納、入皆為篡。〔註90〕

> 襄十六年，晉人執莒子邾妻子以歸。注錄以歸者，甚惡晉，有罪無罪皆當歸京師，不得自治之。〔註91〕

由於重視等級之分，不可僭越，故諸侯不得專封、不得專討、不得專地、卿不得憂諸侯、大夫不得專執。

總結九旨之精神：即在維持封建秩序之穩定，爵位的繼承及國家大事，均必須謹守制度，凡失禮、不合制度之事，即以九旨中時、月、日、名例、褒、譏、貶、誅絕等方式加以褒貶。而實際政務則主張任賢，這也正是經世學家寄寓其經世微意之所在。就內容而言，逢祿的九旨異於何休，亦與宋氏微有不同，可謂採兼容並蓄的集大成態度。

最後則當進一步探討劉逢祿系統化公羊學之學術動機何在？陸振岳先生指出：

〔註89〕見《經解‧春秋公羊經何氏釋例》，卷1283，頁3；卷1283，頁4。
〔註90〕見《經解‧春秋公羊經何氏釋例》，卷1283，頁5。逢祿此言，與孟子之論：「貴戚之卿，君有過則諫，反覆之而不聽則易位」的精神，大相逕庭，顯為逢祿維護封建之論。（孟子文見宋‧朱熹撰：《四書集註‧孟子‧萬章下》（臺北：藝文印書館，1980），卷10，頁14。
〔註91〕見《經解‧春秋公羊經何氏釋例》，卷1283，頁20。

時至清代中期，廢棄分封制已二千年。我國在世界中的地位，國家
的疆域、民族構成等，與分封制遺存的春秋時代，無法相比。因此
劉逢祿所闡抉的通三統、異內外，以及絕、朝、聘、會、盟、戰、
圍、入、滅等例，已不能與實際相副。〔註92〕

其實國土分封制度雖廢除二千年，但滿清貴族在政治上所享有的特權及世
職的繼承制度，實與封建相似。所不同的是，西周貴族，甚至春秋時代的卿大
夫，均有禮樂文化的薰育，故多崇尚道德修養。滿清撅起邊陲，政治文化落後，
享受政治特權，貪鄙無知，導致政治上危機四伏。劉逢祿闡抉三科九旨的義例，
以春秋時代貴族行事為褒貶對象，正是給予滿清貴族有所借鏡，以知所惕勵。

莊存與企圖打破滿族政治特權的努力失敗後，劉逢祿在一定限度內承認
滿族特權，改取接受其享有世襲爵祿的態度，希望透過制度化將其在政治上
的影響加以限制。故劉逢祿治經，致力於建立封建制度的褒貶標準，且一反
傳統封建政治所標榜的禮讓精神，而最重視爵位繼承的客觀制度，主張既定
制度不可以僭越，故傳位以貴不以賢。此於滿清特權而言，一方面是加以保
障，一方面則是加以限制。

第三節　宋翔鳳本公羊以治《論語》之新徑

宋翔鳳與劉逢祿同為常州學派的奠基者，一般經學史、學術史均較肯定
劉氏的成就，原因在於宋氏沒有公羊春秋方面的專著，其義理方面主要表現
在公羊化《論語》。事實上，以公羊思想為主導的《論語》學，劉逢祿《論語
述何》已發之於前，〔註93〕惟劉氏雖以公羊意旨詮釋《論語》，猶未以《論語》
敷陳為政治的實務；宋氏則從公羊學的角度，把《論語》解釋為孔子的政論，
孔子以在野王的身份論太平之治。

〔註92〕見氏著：〈關于清代今文經學的幾個問題〉，收入《蘇州大學學報》，1994年3
月，頁111。

〔註93〕胡楚先生對此所論甚詳、指出：《春秋》為孔子所作，《論語》記孔子言行，
二書之間或有相關之處，劉氏以公羊義來解釋《論語》，有其發明，但劉氏常
過為曲解，流於穿鑿。例如釋「學而時習之」，劉氏曰：「學謂刪定六經也」；
釋「人不知而不慍」曰：「知我者其惟《春秋》乎」；釋「本立而道生」曰：「謂
始元終麟，仁道備矣」；釋「天將以夫子為木鐸」，曰：「知將受命制作《春秋》，
垂教萬世也。」見氏著：〈劉逢祿「論語述何」析評〉，《第二屆清代學術研討
會論文集》（高雄：中山大學，1991），頁207～208。

宋翔鳳著有：《論語說義》（以下簡稱《說義》）十卷、《論語鄭注》十卷、《大學古義說》二卷、《孟子趙注補正》六卷、《孟子劉熙注》一卷、《四書釋地辨證》二卷、《卦氣解》一卷、《爾雅釋服》一卷、《小爾雅訓纂》六卷、《五經要義》一卷、《五經通義》一卷、《過庭錄》十六卷、《論語發微》、《經問》、《樸學齋札記》等。另外，詩文有：《樸學齋文錄》、《懷山堂詩錄》、《洞簫樓詩紀》。〔註94〕

《說義》是翔鳳義理思想的代表作，另外，《浮溪精舍叢書》有〈擬漢博士答劉歆書〉、〈漢學今古文考〉，爲經學論見。

宋翔鳳認爲《論語》是一本政論，仲尼的微言，可當素王，《說義》的目的在於從政治、制度、教化等各方面發揮太平之治。他認爲《論語》一書各篇有其編輯旨意，《說義》指出：

〈學而〉、〈爲政〉明太學、明堂之法。

〈八佾〉明宗廟之禮。

〈里仁〉專言人之心術爲風俗之所繫。

〈公冶長〉言卿大夫之事，究以忠信好學。

〈雍也〉明人君之道，究以中庸之爲德與立人達人之說。

〈泰伯〉王者之興以爲民也。……堯舜之傳賢，禹之傳子，聖人之心其道如一。……於〈泰伯〉一篇，往復以明其理。

〈子罕〉說聖人微言之故。〔註95〕

對《說義》所論，學者或斥其穿鑿附會，雜用讖緯；〔註96〕或謂其不免

〔註94〕詳見《清史稿》，卷482，頁13268；《清史列傳·儒林傳》，列傳69，頁4506；《清儒學案小傳·方耕學案》等。又翔鳳著作輯爲浮溪精舍叢書，中央研究院歷史語言研究所傅斯年圖書館藏。《續經解》收錄《大學古義說》（卷387～388）、《論語說義》（卷389～398）、《過庭錄》（卷382～386、卷411～415，包括：卷411：(周易)；卷382～383：(周易考異)；卷384～385：(尚書略說)；卷386：(尚書譜)；卷412：(詩經)；卷413：(三禮)；卷414：(春秋)；卷415：(論語孝經爾雅孟子)（以上用括弧標示者是原著未題篇題）。另外，《過庭錄》十六卷是翔鳳數十年的讀書札記（前十卷收入《續經解》），輯於道光二十九年（1849），成書於咸豐三年（1853），有光緒七年章壽康刻本，又梁運華曾據章本加以點校出版（北京：中華書局，1986）。以下引《論語說義》根據《續經解》，只標其卷數、頁碼；引《過庭錄》根據梁校本。

〔註95〕以上引文依次見於《續經解·論語說義》，卷390，頁1；卷390，頁1；卷390，頁28；卷391，頁8；卷391，頁8；卷393，頁10；卷393，頁1。

〔註96〕如謂翔鳳「治經發揮西漢董仲舒天人感應論，雜以讖緯神祕之辭，以首『聖

於訓詁考據，未脫漢學家習氣。〔註97〕但他闡釋的微言大義雖未必合於《論語》原義，卻頗可見他擬假孔子立言，建構一個政教合一的太平之治的企圖。

以下就《說義》對《論語》章句之引申發揮及通論為政之道。分述如次：

一、《說義》對《論語》章句之引申發揮

宋翔鳳《說義》注訓《論語》，為擇要申論，並非依隨原文逐章注解，他是就《論語》章句引申、發揮經世之論，其精神可從其所論與《論語集解》（簡稱《集解》）、《論語集註》（簡稱《集註》）〔註98〕的比較見意。如：

1. 「子張問十世可知乎？子曰：殷因於夏禮，所損益可知也，周因於殷禮，所損益可知也，其或繼周者，雖百世可知也。」

《集解》：

> 子張見五帝三王，文質變易，世代不同，故問孔子從今以後方來之事。假設十代之法，可得逆知以不乎？孔子舉前三代禮法相因及所損益，……既因變有常，故從今以後，假令或有繼周而王者，王王相承，至於百世亦可逆知也。（卷1，頁62）

《集註》：

> 馬氏曰：……三綱五常，禮之大體，三代相繼，皆因之而不能變，其所損益，不過文章制度小過不及之間，而其已然之跡，今皆可見，則自今以往，或有繼周而王者，雖百世之遠，所因所革，亦不過此，豈但十世而已乎？（卷1，頁14～15）

《說義》：

> 素王受命之事，子張能知之，故問受命作《春秋》之後，其法可以十世乎？十世謂三百年也，孔子為言損益三代之禮，成《春秋》之制，將百世而不易，何止十世也。如董生所記三代改制質文，而所損益之故大可知矣。孔子作《春秋》以當新王，而通三統與《論語》

王大義』。」見王茂等著：《清代哲學》（大陸：人民出版社1992），頁811。

〔註97〕《說義》內容以義理的解說與發揮為主，但考證的文字也占不少比重。劉靜華曾詳列其「考據先於義理，以漢學見長」之例證甚多。見氏著：〈清代常州學派論語學研究〉（臺南：成大中文所碩士論文，1994），頁182。

〔註98〕拙文於《論語集解》用魏・何晏注，梁・皇侃疏：《論語集解義疏》（臺北：廣文書局影印乾隆五十三年刻本，1977）；《論語集註》用宋・朱熹撰：《四書集註》。以下引用此二書，只標卷數、頁碼。

答顏淵問爲邦，因四代之禮成制作損益之原，其道如一。子貢曰見
其禮而知其政，聞其樂而知其德，由百世之後，等百世之王，莫之
能違也。蓋以《春秋》繼周，而損益之故遂定，雖百世而遠，孰能
違離孔子之道，變易《春秋》之法乎？（卷389，頁13）

《集解》、《集註》所論，孔子百世可知之意，認爲就歷史的因革損益中，可
得一個不變的常道。翔鳳則說因素王受天命，故能定百世之道，使後世的發
展，永遠不能違離此道。

2. 「子入太廟每事問。」

《集解》：

孔安國曰：鄹，孔子父叔梁紇所治邑也，時人多言孔子知禮，或人
以爲知禮者，不當復問也。……雖知之，當復問，慎之至也。（卷2，
頁92）

《集註》：

太廟，魯周公廟。此蓋孔子始仕之時入而助祭也。趙順孫《四書纂疏》
曰：或問何以知其爲始仕？曰：以所稱鄹人之子者觀之，則其爲少賤
之時無疑矣。……（《纂疏》）又引蔡氏曰：聖人聰明睿知，固無所不
知，然亦但知其理而已，若夫制度器數之末，掌之有司者，聖人前此
未之見，安得而盡知之？若已經講論討究，知禮之器物與夫登降拜跪
之節，及今方見之，亦須復問，然後爲審也。（卷2，頁6）

《說義》：

孔子觀春秋君臣之際不以禮接，將以智數相御，君一朝失其勢則憂
篡弒，臣一朝失其權則憂放逐；由乎安上全下，失其本也。春秋定
公十年魯始用孔子，孔子先盡事君之禮，禮莫重於祭，入大廟每事
問，宜在此時。時從邑宰爲司空，職在三事，故廟中之事當問有司。
如在乘田委吏，執事微細，每事而問，勢必不能，位在司空，其禮
當矣。政由季氏，祭則魯君，入廟之問，事君盡禮也。（卷390，頁
14～15）

《集解》、《集註》之說，同以入太廟爲孔子少時。趙氏由「鄹人之子」的稱
謂，定入廟爲孔子少時；蔡氏「若夫制度器數之末，掌之有司者，聖人前此
未之見，安得而盡知之」之說，則頗可補充說明「雖知亦問」的另一種可能
性。《說義》卻以當時諸侯僭越，孔子以「每事問」來強調禮的重要，故定入

廟爲定公十年（500BC）孔子年五十一爲司空時，目的在強調「禮莫重於祭」，入廟之問是孔子事君盡禮的表徵。

3.「里仁爲美，擇不處仁，焉得智。」

《集解》：

鄭玄曰：里者民之所居也，居於仁者之里是爲善也。

求善居而不處仁者之里，不得爲有智也。（卷2，頁113）

疏：中人易染，遇善則善，遇惡則惡，若求居而不擇仁里而處之，則是無智之人，故云焉得智也。（卷2，頁114）

《集註》：

里有仁厚之俗爲美，擇里而不居於是焉，則失其是非之本心，而不得爲知矣。（卷2，頁10）

《說義》：

此篇明治國當察鄰里風俗之薄厚，故仁知禮義皆仁性所固有，必一一反求之於性而使自擇之，則俗無不化而人無不格，父子君臣朋友之道，由是而能不失其理，觀於里仁爲美，而治大平有其象矣。（卷390，頁23）

鄰里風俗影響人心至深，居必擇鄉，遊必就士，可收潛移默化之效，此在古人之注解已闡釋甚明；翔鳳進一步深求，目的在使當政者注意教化之功，人人能反求仁義之性，風俗自然醇美。故以里仁爲太平之治的象徵。

4.「仁者安仁，知者利仁。」

《集解》：

苞氏曰：唯性仁者自然體之，故謂安仁也。

王肅曰：智者知仁爲美，故利而行之也。（卷2，頁114）

《集註》：

不仁之人，失其本心，久約必濫，久樂必淫。惟仁者則安其仁而無適不然，知者則利其仁而不易所守。蓋雖深淺之不同，然皆非外物所能奪矣。（卷2，頁10）

《說義》：

……中心安仁者天下一人而已矣。是以擇求仁先求近乎知，知者利仁，深入心通，知乾始能以美利利天下，不言所利。不言所利者，體仁之元也，安仁之事也。能以美利利天下者，利物足以知義也，

利仁之學也。精其利仁之學,亦將無終食之閒違仁,造次顛沛必於是,則知仁和合而成功一。故知者之知仁,而不仁者遠,以其能利仁也。《中庸》以知仁勇三者爲天下之達道而先言知者,以知者或未及乎安行,而仁者未有不先資乎知,故知堯舜之知,而後見堯舜之仁。舜其大知也與?舜好問而好察邇言,知也;隱惡而揚善,執其兩端用其中於民,仁也。知仁合而後爲大知,又觀乎知行成功之一是,知仁者知者不能別以等差也。(卷390,頁23〜24)

《集解》言安仁、利仁之別,甚爲明顯:《集註》亦明謂安仁、利仁有深淺之不同。而《說義》則從「功效」的觀點,只要能行仁,能以美利利天下,即能達到其經世之目的,翔鳳即以爲「二者不能別以等差」。

5. 「樊遲請學稼。子曰:吾不如老農。請學爲圃。曰:吾不如老圃。樊遲出,子曰:小人哉樊須也。上好禮則民莫敢不敬,上好義則民莫敢不服,上好信則民莫敢不用情,夫如是則四方之民繈負其子而至矣,焉用稼。」

《集解》:

疏:樊遲既請學稼於孔子,孔子言我門唯有先王之典籍,非耕稼之所,汝若欲學稼,當就農夫之老者學之,故云吾不如老農。……君子喻於義,小人喻於利,樊遲在孔子之門,不請學仁義忠信之道,而學求利之術,故云小人也。(卷7,頁448〜449)

《集註》:

楊氏曰:樊須遊聖人之門而問稼圃,志則陋矣,辭而闢之可也。(卷7,頁3)

《說義》:

此商治道也。稼圃者,井田之法,一夫百畝,所以爲稼,五畝之宅,所以爲圃。樊遲欲以井田之法行於天下,後世學者當深究其理,農家者流即出於此。孟子所謂有大人之事有小人之事,小人哉者,使遲知稼圃爲小人之事也。三代之制,封建、井田、學校三大端,春秋時侯國斥大而封建壞,多兵車之會,而井田什一之法不行。樊遲議修井田以維封建,思見先王之籍,亦深圖治之心。不知封建因乎時、井田因乎地,隔閡之故,聖人已知貫乎古今、通乎遐邇,不可易者其學校乎?故學校興雖不井田、不封建而一世治;學校廢,雖行封建井田而世愈亂。上無學則下無禮,化民成俗必由學。三王四

代惟其師好禮好義好信，皆學之所從出也；自漢以來，議法制者，莫能行井田封建，而學校之事，苟飭綱紀必由此始，而後知聖人之論，爲世世通行者也。（卷395，頁3）

《集解》、《集註》言學稼、學圃，均指農圃之技術，《說義》則以稼圃爲井田之法。既以封建、井田、學校爲三代之制的三大端，說孔子只因其不得其時而致斥之爲小人之事，應特別重視學校的功能。但孔子一生並未因教學而稍鬆懈他對政治的關心，且孔子心懷周公，謂子貢曰：「爾愛其羊，我愛其禮。」不當以行井田爲小人之事。從另一方面而言，《論語》中記樊遲之言及事尚有：

樊遲御，子告之曰：孟孫問孝於我，我對曰無違。樊遲曰：何謂也？子曰：生事之以禮，死葬之以禮、祭之以禮。（〈爲政〉，卷1，頁10）

樊遲問知。子曰：務民之義，敬鬼神而遠之，可謂知矣。問仁。曰：仁者先難而後獲，可謂仁矣。（〈雍也〉，卷3，頁7）

樊遲從遊於舞雩之下，曰：敢問崇德、脩慝、辨惑？子曰：善哉問。先事後得，非崇德與？攻其惡無攻人之惡，非脩慝與？一朝之忿，忘其身以及其親，非惑與？（〈顏淵〉，卷6，頁19）

樊遲問仁，子曰：愛人；問知，子曰：知人。樊遲未達，子曰：舉直錯諸枉，能使枉者直。樊遲退見子夏曰：鄉也吾見於夫子而問知，子曰：舉直錯諸枉，能枉者直。何謂也？……（〈顏淵〉，卷6，頁19）

從這些記載中，有問孝、問知、問崇德、脩慝、辨惑、問仁，未見其論政之言，也看不出樊遲的政治才能，以學稼圃爲欲行井田，應爲翔鳳之附會。

二、《說義》論爲政之道

1. 論　君

「克己復體爲仁，一曰克己復體，天下歸仁焉。爲仁由己而由人乎哉？」此言君人之道也。自天子以至庶人，一是皆以脩身爲本，身者己之身也，家國天下由己以及也。誠意正心爲脩身之事，即克己之事也。克，肩也，能勝其任之謂肩。君人者以一己勝天之任，則必反諸禮以脩身，故驗之於一日，而脩齊治平之化可旋至而立有效。誠意之極，是謂致知；自脩身以至於天下平，是謂格物。（卷394，頁7）

翔鳳發揮《論語》克己復體之意，以爲爲政之道。此言爲孔子答顏淵問仁之言，所論原指個人道德修養的方法，翔鳳以之推及政事，並謂以禮修身，立

刻可獲致修齊治平之效果。又曰：

> 《論語》於〈學而〉之後次〈爲政〉之篇，著明堂法天之義，亦微
> 言之未絕也。明堂之治，王中無爲，以守至正，恭己南面自明其德。
> 上法琁璣以齊七政，故曰：政者，正也；德者，得也。外得於人，
> 內得於己也。王者上承天之所爲，下以正其所爲，未有不以德爲本。
> 德者，不言之化，自然之治，以無爲爲之者也。雖有四時天地人之
> 政，而皆本於一德，雖有五官二十八星之名，而皆笕於北辰，爲政
> 不出於明堂，而禮樂刑政四達不悖，德之符也。（卷389，頁7）

翔鳳說明爲君之道，以德化爲本。而所謂德，即是無爲，所謂無爲，就翔鳳
之意，應指不擾民之意。當時之政治，每下愈況，論者多推源於乾隆晚年之
窮奢極欲，好大喜功，導致民窮財盡，暴亂四起，……翔鳳認爲正本清源之
道，即在人君之「自明其德」。

2. 論卿大夫

> 進賢達能謂之卿大夫，通古今、辨然不謂之士。進賢達能，仁也，
> 通古今、辨然不，知也，必有仁知之美而後可仕於國。蓋有知者之
> 知人，則仁者之愛人非爲泛愛，國家於是得進賢達能之效；苟知賢
> 而不能進，即不可爲知人，以知易惑者意多歧也。故觀人之術先觀
> 其知。（卷391，頁5）

卿大夫必須做到進賢達能，士則要有通古今，識然否的能力。進賢達能不忌賢
才，只求政治之美善，造福天下萬民，此爲仁者的胸懷；有知歷史演變之道，
不昧於事物變化之理的智慧，此爲智者的修養。具備此二條件方可爲官從政。
知與仁二者，必相輔爲用，舉用人才必須避免「泛愛」如滿洲子弟夤緣爲進；
又知賢而不能進，即因「易惑」、「意多歧」，無知人之明。由是觀之，翔鳳論卿
大夫，認爲其最重要的職責在爲國舉才，做到進賢達能而不「泛愛」偏私。

3. 論 士

> ……見世之有道無道，皆由乎議道之人也。如爲士者所恥在衣食之
> 間，其立心甚小，則其平居深計遠謀，但爲空言以欺當世，迫處議
> 道之任，必將誇張富強之事，不顧人心風俗之本，所以日離於道而
> 國不可以治。故正人心者始於端士習，端士習者始於識廉恥也。（卷
> 390，頁29）

此論士之社會責任，由士之立身行事，可以知世之有道無道。故士之立志，

應以行道自許，當識廉恥，端士習，以達正人心的作用。翔鳳此論對當時的頹敗的士林風氣，可謂當頭棒喝。

4. 論教育

> 先王既沒，明堂之政湮，太學之教廢，孝弟忠信不脩，孔子受命作《春秋》，其微言備於《論語》。遂首言立學之義曰：「學而時習之，不亦說乎？」時習即瞽宗上庠教士之法。「有朋自遠方來」，謂有師有弟子，即秦漢博士相習之法。「人不知而不慍」，謂當時君臣皆不知孔子，而天自知孔子，使受命當素王則又何所慍於人。蓋人心之不失，綱維之不壞，皆繫於學。……先王興學以治人情，聖人設教以維世故，作君作師統緒若一也。（卷389，頁1）

《說義》一書，「仲尼微言，以當素王」之思想貫徹全書，然「素王」有其名而無其位，故「素王」之要務是設教興學，故翔鳳把孔子抬高到與君相當的地位。

由《說義》對《論語》義理之引申發揮，與傳統注疏之異趣，及其對君、卿、士、學校制度等的論見，處處可見翔鳳以《論語》演繹其經世思想之用心。

第四節　龔定盦援經議政之要點

一、龔定盦經學思想之淵源與特質

定盦有關經學之著作有：《左氏決疣》、《左氏春秋服杜補義》、《春秋決事比》、《大誓答問》等。《左氏決疣》指出劉歆竄益左氏的部份。《春秋決事比》六卷，效董仲舒以春秋公羊義決獄之例，以後世事設問，以判其中是否中「春秋」之義，以借誡後世。《大誓答問》一卷，共二十六條，論《尚書》古、今文的篇目、傳授，及《尚書·大誓》一篇的問題。定盦以《春秋》為禮義之書，又為明是非、長於斷獄的刑法之書。故其治《春秋》之態度，是獨好刺取微言。

《左氏決疣》、《左氏春秋服杜補義》、《春秋決事比》等三書，今皆不存，唯《春秋決事比·序·答問》及《大誓答問》收錄於《龔定盦全集》中。〔註99〕

〔註99〕龔定盦著作的版本與輯佚，參見韓淑玲《龔自珍詩研究》（臺大中文所碩士論文，1980）頁210～217，及季鎮淮〈龔自珍簡論〉《龔自珍研究論文集》（上海：上海書局，1992年7月），頁16、17。以下引用以《龔定盦全集類編》（臺

另外，《全集》中，〈五經大義終始論‧答問〉等論五經與古代政治之關係。定盦治經史，視之爲學術之本源。而經學中又重《公羊春秋》，魏源說他「于經通《公羊春秋》」，〔註100〕援以議政，在當時及後代皆有極大的影響。

有人因〈明良論〉、〈乙丙之際著論〉等持論最犀利的文章寫在二十八歲以前，而不承認今文經學對定盦的影響〔註101〕；梁啓超則說他「引公羊譏切時政」；〔註102〕甚至有學者指出定盦在二十八歲以前，已受有公羊家說的影響，並以之作爲批判社會的武器。〔註103〕由於觀察的角度不同，和論者態度的殊異，往往言人人殊。

職是之故，論定盦與公羊學之關係，應從定盦本人所言，及其相關經學著作爲根據，否則易流於空談。

第一，在主觀的情感上，由龔自珍對莊存與、劉逢祿、宋翔鳳等人的欽敬，其詩曰「甘作東京賣餅家」，可見定盦的文章風格及學術研究方向受公羊學影響，乃是出自內心的追求。

第二，他所從事的相關研究。定盦從十二歲段玉裁授以許氏部目開始，即有以經說字，以字說經的研究，二十八歲習公羊春秋後才有經義的闡發及論著，如謂自珍既治《春秋》，……「乃獨好刺取其微者」，「凡建五始、張三世、存三統、異內外、當興王，及別月日時、區名字氏，純用公羊氏；求事實，間采左氏；求雜論斷，間采穀梁氏；下采漢師，總得一百二十事。獨喜效董氏例，張後世事以設問之。……七十子大義，何邵公所謂非常異義可怪，惻惻乎權之肺肝而皆平也；嚮所謂出沒隱顯于若存若亡也者，朗朗乎日月之運大圜也。」（〈春秋決事比序〉，頁57～58）於此可確信定盦治經以公羊思想爲中心觀念，是在從劉逢祿受《公羊春秋》之後。因此，或可說定盦二十八歲以前已受經學之影響，二十八歲以後轉以公羊思想爲中心觀念。

然而，「求事實，間采《左氏》」則顯露定盦治經之態度，不專主今文。〔註104〕他說：「予說《詩》，以涵泳經文爲主，於古文毛、今文三家，無所

北：世界書局，1980年）本爲據，只標篇名。

〔註100〕見：《魏源集‧定庵文錄敘》，頁239。

〔註101〕參見湯志鈞著：《近代經學與政治》，頁91。

〔註102〕見氏著：《清代學術概論》（臺北：中華書局，1989），頁55。

〔註103〕如盧興基〈龔自珍與公羊「三世」說〉即持此議，見林慶彰編：《中國經學史論文選集》（臺北：文史哲出版社，1993），頁646。

〔註104〕論定盦今古文之意見，參見張壽安著：〈龔定菴與常州公羊學〉，《書目季刊》，第13卷第2期，1979年9月，頁10～11。

尊，無所廢。」（〈己亥雜詩〉第六十三首自注，頁369）不僅治《詩》，今古
文皆取。治《尚書》亦今古文皆取，曰：

> 今文、古文同出孔子之手，一爲伏生之徒讀之，一爲孔安國讀之。
> 未讀之先，皆古文矣。既讀之後，皆今文矣。惟讀書人不同，故其
> 說不同，源一流二，漸至源一流百。此如後世翻譯，一語言也，而
> 兩譯之、三譯之、或至七譯之。譯主不同，則有一本至七本之異。
> 未譯之先皆彼方語矣，既譯之後，皆此方語矣。（〈大誓答問第二十
> 四〉，頁160）

由他把今古文的差異，比做翻譯的不同，〔註105〕而「既譯之後，皆此方語」，
故不論今文、古文，重要者在「應用」。因此定盦說：

> 《春秋》何以作？什八九爲人倫之變而作。大哉變乎！父子不變，
> 無以究慈孝之隱；君臣不變，無以窮忠孝之類；夫婦不變，無以發
> 閨門之德。精義入神，以致用也。比物連類，貴錯綜也。（〈春秋決
> 事比答問五・甲問人倫之變大科如何〉，頁147）

認爲《春秋》之作是以「致用」爲目的，貴在紛紜的事物中指出要領。故定
盦於經學重在「應用」，不重條例之辨別，也不爭東西漢、今古文的問題，只
是擷取數端大義，靈活的運用於政論中。

此外，定盦經學受實齋影響的問題，湯志鈞曾說：

> 有人以「六經皆史」，是經學中古文派所主張，龔自珍以公羊義譏切
> 時政，又染「六經皆史」說，是他的缺失。殊不知龔自珍是汲取「六
> 經皆史」說的「經世」內容，從而提出「更法」主張，非一般拘泥
> 家法者可比。〔註106〕

「六經皆史」是章實齋針對乾嘉經學流弊而提出的，然近代以來，學者
多推崇實齋的史學成就，而忽略了他論六經著重在其政治作用而非其史料意
義。〔註107〕在六經之中，實齋又說：「六經，同出於孔子，先儒以爲其功莫大

〔註105〕在「廣用」的態度上，定盦於《詩》、《書》今、古文皆取；但對「經」之名
義，則認有所區別。不贊成《左傳》、《周官》稱經，「于《左氏春秋》審爲劉
歆篡益顯然有跡者，因撰《左氏抉疣》一卷。」即延伸逢祿《左氏春秋考證》
遺緒；又說：「《周官》晚出，劉歆始立。劉向、班固灼知其出於晚周、先秦
之士掇拾舊章所爲，附之于禮，等之于明堂、陰陽而已。後世再爲經，是爲
述劉歆，非述孔氏。」（〈六經正名〉，頁127）。
〔註106〕見氏著：《近代經學與政治》，頁88。
〔註107〕詳見拙著：〈論章實齋之準經衡史〉，收入《第五屆清代學術研討會論文集》

於《春秋》，正以切合當時人事耳。」〔註108〕由此可說「六經皆史」之說，是實齋的經世理論。

對於六經，定盦主張用之為更法的主張，其言曰：「以經還經，以記還記，以傳還傳，以群書還群書，以子還子。」（〈六經正名答問五〉，頁 130）這不僅違反傳統的十三經觀念，亦與今文學家的立場不同。且定盦借「以子還子」，否定《論語》、《孟子》的經典意義，又進一步提出「仲尼未生，先有六經；仲尼既生，自明不作；仲尼曷嘗率弟子使筆其言以自制一經哉？」（〈六經正名〉，頁 128）。故定盦的經學思想是迴異於正統儒學的，曰：

> 夫六經者，周史之宗子也。（〈古史鉤沈二〉，頁 99）

又說：

> 周之世官大者史，……《易》也者，卜筮之史也；《書》也者，記言之史也；《春秋》也者，記動之史也；……《禮》也者，一代之律令，史職藏之故府，而時以詔王者也。……今夫宗伯雖掌禮，禮不可以口舌存，儒者得之史，非得之宗伯；樂雖司樂掌之，樂不可以口耳存，儒者得之史，非得之司樂。故曰：五經者，周史之大宗也。（〈古史鉤沈二〉，頁 99）

定盦承實齋「六經皆史」，提倡由尊經走向尊史，所謂「欲知道者，必先為史。」（〈尊史〉，頁 93），而尊史實為尊道，因為唯有對道有正確的把握，方能對歷史變革的原由，有正確的認識，定盦指出：「弊何以救？廢何以修？窮何以革？《易》曰：『窮則變，變則通，通則久。』恃前古之禮樂道藝在也。」（〈古史鉤沈論四〉，頁 107）由對前古禮樂道義的認識，作現今救弊、修廢、革窮的借鑒；此即定盦經學的特質——從經典中心尋求改良現實政治的理論根據。古文家章太炎、今文家皮錫瑞批評、否定定盦，都因他們沒有正確的認識定盦經學的本質的緣故。

二、龔定盦對公羊義法之發揮

定盦既不見用於政治，懷抱經世熱誠，於政治衰象日趨嚴重之際，提出「仿古法以行之，正以救今日束縛之病」的改革辦法。故援經中大義，議論時政。

（高雄：中山大學，1997）。
〔註108〕見氏著：《文史通義・浙東學術》，頁 524。

　　茲就《全集》論及刑政之文，檢視定盦議政之要。條列於下：

1. 論刑獄

　　《春秋決事比》效董仲舒以後世事設問，比之《春秋》以決其中不中。所存之〈答問〉五篇曰：

> 夫不定律也者，權假立文也。……《春秋》當興王，假立是吏而作。今律，有部議，有部擬，有閣臣票、雙簽票、三簽，有恩旨緩決，皆本《春秋》立文者也，先原奏，後旨意，兩者具，然後獄具。作者曰：是亦吾所以測《春秋》也。（〈答問第一〉，頁139）

> 父母之於子，雖有罪，猶若不欲服其罪者然，是子雖不正，父不得暴其惡也，二者《春秋》之常律也。今律，子弟訐發父兄，雖審得實，猶先罪訐發者，是亦吾所測《春秋》也。（〈答問第三〉，頁143）

> 欲令今之知律者有所溯也，語曰：稱曰自古，古曰在昔，昔曰先民，吾所以作。今律與《春秋》小齟齬，則思救正之矣，又吾所以作。（〈答問第四〉，頁145）

又如〈答問四〉：「乙問今律一人犯數罪，以重者科之，中《春秋》某律？」、「丙問今律贓未入手減等，《春秋》如是乎？」「丁問今律誤殺人有勿、有論、減等，中《春秋》某律？」「己問今律非夫若子，不得捕姦，中《春秋》某律？」所論均按公羊家以《春秋》決獄的精神，提出他對司法的意見。

2. 論　兵

　　定盦生於內憂外患日愈嚴重之際，用兵主慎，謂「古人統兵於刑，班固尚知之。固也志刑不志兵。」（〈五經大義始終答問四〉，頁82）

　　又〈春秋決事比答問〉第二乙問條關於昭公十六年，楚子誘殺戎蠻子一事，定盦曰：

> 《春秋》假立楚為夷狄，若曰後有王者，四裔之外逆亂，非守土之臣所告，宜勿問，視此文可也。曷為宜勿問？問之則必加兵。中國盛，兵力強，加兵而服則必開邊，則是因夷狄之亂以收其土地，仁者弗為也。中國微，兵力微，加兵而不服，則必削邊，則喪師、糜饟、削邊以取夷狄笑，智者弗為。故勿問者，《春秋》之家法，異內外之大科也。（〈春秋決事比答問二〉，頁142）

楚殺戎蠻子是夷狄之間的事，仁者、智者皆不因夷狄之爭而興兵。此論可於

壬午（1822 年）11 月 8 日〈與人箋〉見意，此書即對當時青海番人與蒙古之間的衝突，發表意見：

> 聖者貴因天運之自然，劲番子未嘗獲罪天朝，古未有外夷自相爭掠，
> 而中朝代為用兵者。……今兵力物力，皆非開邊釁之會，克則殺機動，
> 不克則何以收事之局？（〈與人箋與人論青海事書〉，頁 206～207）

由〈答問〉中設此問而引《春秋》律斷不應興兵調停夷狄之爭，其於現實的運用是，清朝不應出兵調停當時青海與蒙古之爭。這是定盦運用經典的權威，來支持他的意見。〔註 109〕

3. 論夷夏

滿漢問題是清代政治上的大問題。然就時勢變化而言，清初遺老排滿，力求復明，但到康雍之下，一則遺老凋零殆盡，一則文字獄牽連慘酷，反清思想已漸息。就個人因素而言，定盦一家累世京官，至定盦已三世百年，他應無反清思想，也不強調夷夏之防，曾說：

> 問太平、大一統何謂也？答：宋明山林偏僻士，多言夷夏之防，比
> 附《春秋》，不知《春秋》者也。《春秋》至所見世，吳楚進矣，伐
> 我不言鄙，我無外矣。《詩》曰：無此疆爾界。陳常于時夏，聖無外，
> 天亦無外者也。然則何以三科之文，內外有異？答據亂則然，升平
> 則然，太平則不然。（〈五經大義終始答問七〉，頁 82～83）

定盦熱衷世情，始終企望清廷改革，至離京返鄉所作的〈己亥雜詩〉猶不忘淑世；部份學者以定盦思想對清末有所影響，遂認為定盦有反清思想，因而啟導了清末的革命思想。此實引申過當。

4. 論保甲

嘉慶十九年，行保甲法，其情形為：「懸牌於門，書長若幼之姓名年齒，有習邪教者，準五家首之，無則五家連環具甘結。地方官一歲兩次，編稽核之。申報上司。」（〈保甲正名〉，頁 123），定盦較之以《周禮》而論其非。曰：

> 此《周禮》相保法也，相保，猶相受相賙相賓也，非保甲法。保甲
> 法孰為之？宋臣王安石為之。其條目如何？曰：新法每十家籍二丁，
> 授以弓弩，教以戰陳。嗚呼！《周禮》固無是矣。三代以上，兵民
> 不分。……聖世所用，實是《周禮》，而用王安石之名，大不可也。

〔註 109〕詳見周啟榮著：〈從「狂言」到「微言」──論龔自珍的經世思想與經今文學〉《近世中國經思想研討會論文集》（中研院文哲所，1984 年），頁 315、316。

宜改曰五家相保法。（〈保甲正名〉，頁 123）

5. 論地丁

清代有永不加賦之詔，雖然經濟困窘，財政凋敝之時，亦只有變相的徵收一些雜項，於賦稅則始終堅守祖訓。定盦曰：

> 國朝有實則堯舜，而名則漢武者一焉，地丁是也。……以田計者，上古法；以貨計者，中古法；以人計者，董仲舒曰商鞅法，貢禹則曰實漢法。我仁皇帝永免滋生人口之賦，并入地賦。有蠲賜緩賜賑，而無賜復，寰海之內無一人不復者也，仁莫大焉，事莫簡焉。《詩》曰：思文后稷，克配彼天，粒我烝民，莫非爾極。我仁皇帝革二千年之苛政，此配天之實也。其實如此，其名未改，邸鈔縉紳書，仍稱地丁，是實后稷，而名商鞅漢武也，名當亟正者此也。（〈地丁正名〉，頁 124～125）

定盦曾想寫定群經，「以經還經，以子還子」，「又有事天地東西南北之學」，卒未寫定。從他學術研究的順序，可知其對經、子、天地東西南北之學的看重程度；他對經學已不想以專著為之，但因其為學術本源，又為古代政治之所本，故援以議政。

第五節　魏源治經之歷史意識

一、魏源兼通經史之學術性格

魏源論學重窮本溯源，書齋號古微堂，文集稱《古微集》，均可見其精神所在。他的經學著作：刊刻流傳的有《詩古微》、《書古微》；〔註110〕抄本流傳的《古微堂四集》，有何紹基手抄本傳世；《董子春秋發微》、《孝經集傳》、《大學古本》、《小學古經》、《曾子章句》、《子思子章句》、《兩漢經師今古文家法考》等著不存，各書序收錄於《魏源集》。

〔註110〕魏源著作的版本，《詩古微》、《書古微》均收入《續經解》。《詩古微》有初刻本及二刻本兩種，初刻本只有上下 2 卷，修吉堂刻；後增補為上、中、下三編，共 20 卷，道光中刻；常見者為光緒乙酉飛青閣楊守敬重刻本，16 卷；「魏源全集編輯委員會」以 2 卷本與 20 卷本同時點校出版。《魏源集》（臺北：鼎文書局，1978），以下引用《魏源集》只標示篇名、頁碼。《魏源全集》（長沙：岳麓書社，2004 年）。

對於歷史之發展，魏源認為「三皇之事，若有若無；五帝之事，若存若滅；三王之事，若明若昧；時愈古則傳愈少，其與天地不朽者果何物乎？」（〈默觚上・學篇一〉，頁 3）又說後世之事，有勝於三代者，如「文帝廢肉刑，三代酷而後世仁也；柳子非封建，三代私而後世公也；世族變爲貢舉，與封建之變爲郡縣何異？三代用人，世族之弊，貴以襲貴，賤以襲賤，與封建並起于上古，皆不公之大者。」（〈默觚下・治篇九〉，頁 60）因此，不能泥古不變，變古愈盡，便民愈甚。

魏源治經的目的是濟時、致用。認爲典章的制定可以借鑒經典中的道理。因爲「六經憂患書，世界憂患積。」（〈嘖古吟八首〉，頁 585），又說「人不憂患則智慧不成。」（〈治篇二・默觚下〉，頁 39）魏源的政治理想是「君師道一」，〈默觚〉學篇十四篇、治篇十六篇，爲魏源學術思想的總綱領，其學篇即以政治爲目的，治篇即以學爲達到致治之手段。曾論學治合一與學治分離的利弊說：

> 三代以上，君、師道一，而禮樂爲治法；三代以下，君、師道二，而禮樂爲虛文。古者豈獨以君兼師而已，自冢宰、司徒、宗伯下至師氏、保氏、卿大夫，何一非士之師表？「小德役大德，小賢役大賢」，有位之君子，即有德之君子也，故道德一而風俗同。自孔、孟出有儒名，而世之有位君子始自外于儒矣；宋賢出有道學名，而世之儒者又自外于學道矣。《雅》、《頌》述文、武作人養士之政，……十三國風上下數百年，刺學校者，自〈子衿〉一詩外無聞焉；《春秋》列國二百四十年，自鄭人游鄉校以議執致外無聞焉；功利興而道德教化皆土苴矣。有位與有德，泮然二途；治經之儒與明道之儒、政事之儒，又泮然三途。（〈默觚上・學篇九〉，頁 23）

治經、明道、政事判然三途的狀態，是因爲有德與有位分爲兩途，造成禮樂爲虛文、君子自外於儒、儒者自外於學道、道德教化不興等因素所致。魏源治經之目的即在使經術與政治重新綰合。

東漢以下，章句之學破碎大道，乾嘉以來「餖飣爲漢，空腐爲宋」的學術更不足取。魏源認爲只有西漢之學，符合「以經術爲政術」、「通經致用」的理想。說：

> 夫西漢經師，承七十子微言大義，《易》則施、孟、梁丘皆能以占變知來。《書》則大小夏侯、歐陽、倪寬皆能以《洪範》匡世主。……

求之東京，未或有聞焉。其文章述作，則陸賈《新語》以《詩》、《書》說高祖，賈誼《新書》爲漢定制作，《春秋繁露》、《尚書大傳》、《韓詩外傳》、劉向《五行》、揚雄《太玄》，皆以其自得之學，範陰陽、矩聖學、規皇極，斐然與三代同風，而東京亦未有聞焉。（〈兩漢經師今古文家法考序〉，頁 151）

然而魏源既認爲歷史的發展，「後代勝三代」，反對泥古守舊；何以其治經卻要復於西漢之古？於此湯志鈞先生《近代經學與政治》分析說：

或者要問：魏源不是說「變古愈盡，便民愈甚」，不是反對守舊泥法，主張變古因革嗎？爲什麼《書古微》、《詩古微》又要「復于西漢」，豈不自相矛盾？曰：并不予盾。魏源是主張「變古」的，主張改革的，他的使《書》、《詩》「復」于西漢，也是「變」當時漢學、宋學之舊，變當時學者信奉馬、鄭《尚書》、《毛詩》之古，復古是名，革新是實。

又說：

那麼，魏源既然要「變革」，爲什麼又以「復古」爲革新呢？這和中國封建社會的長期持續有關，這和儒家思想的長期壟斷有關，要在思想界動撼漢學（古文經學）、宋學的統治地位，談何容易。東漢以來，古文經學一直占有優勢，鄭玄、朱熹的經注也列于堂廟，頒于學官，要革新還有賴于「復古」。你說東漢的馬、鄭古文《尚書》說可靠，它確和東晉的僞古文《尚書》不同，但伏生、歐陽、夏侯的今文《書》說卻還要近「古」，還要「可靠」；你說《詩》僅存《毛詩》，但西漢原有齊、魯、韓三家《詩》說，《毛詩》卻是晚出的。

這樣，他就以「復古」爲手段，以「革新」爲目的。〔註111〕

湯先生的分析，說明了魏源在當時的政治、學術環境下，不得不以經典的權威，爲改革的理論根據的情形；但魏源更重要的動機在於取法西漢「以經術爲治術」，以及闡發三代以上君師道一的精神。故「默深治經，必通之史，又不忽視古人之專家著述，其意實欲會經史子三者而一之。」〔註112〕著〈兩漢經師今古文家法考序〉，曰：「余讀《後漢書·儒林傳》……」，即根據史書分

〔註111〕見氏著：《近代經學與政治》，頁 122；頁 122～123。
〔註112〕見錢穆著：〈讀古微堂集〉，收入《中國學術思想論叢》八（臺北：三民書局，1980），頁 296～299。

別兩漢今古文學者；〈書古微例言〉又根據〈藝文志〉為兩漢今古文及漢宋之學作平議；究其目的更在辨乾嘉經學之無用，而求為有用之通儒。

二、《詩古微》一書中所從事之歷史情境還原工作

魏源如何闡發君師道一，及如何運用經術於當時，實為研究魏源治經精神，不可忽視的問題，茲以其治《詩》為例，分析如下：

《詩經》原是里巷歌謠，非一人一時的作品；當初何以興感，所指何事，不能一一詳考；采詩、編詩者取其合於采編之旨者，播諸絃管，以與音樂、禮儀配合，可施諸宗廟；後來諸侯卿大夫，揖讓周旋之際，借詩表志，運用於外交；後經孔子論述、提倡，《詩經》就成為儒家重要典籍。西漢以來，齊、魯、韓並立學官，毛公之學為河間獻王所好，到東漢衛宏其學始廣，《鄭箋》亡於西晉，《韓詩》於五代以後僅存外傳，三家詩從此日漸衰微。然而《毛詩》在鄭氏箋後已脫離政事，攻毛議序者，起于北宋，導致兩敗俱傷，四家都沒落。魏源要振起「微學」，於是有《詩古微》之作。

《詩古微》的內容：

> 《詩古微》凡二十有二卷：上篇六卷并卷首一卷，通語全經大誼；中篇十卷，答問逐章疑難；下篇五卷，其一輯古序，其二演外傳。（〈詩古微序（初稿）〉，頁 119）

言《詩古微》撰著的目的，曰：

> 《詩古微》何以名？曰：所以發揮《齊》、《魯》、《韓》三家詩之微言大誼；補苴其罅漏、張皇其幽眇，以豁除《毛詩》美刺正變之滯例，而揭周公孔子制禮正樂之用心於來世也。（〈詩古微序（初稿）〉，頁 119～120）

> 蓋自「四始」之例明而後周公制禮作樂之情得，明乎禮、樂而後可以讀雅、頌；自跡熄《詩》亡之誼明，而後夫子《春秋》繼《詩》之誼章，明乎《春秋》而後可以讀國風。正變之例不破，則雅頌之得所不著禮樂為無用也；美刺之例不破，則國風之無邪不章，而《春秋》可不作也。禮、樂者，治平防亂，自質而之文；《春秋》者，撥亂返治，由文而返質。故《詩》之道，必上明乎禮、樂，下明乎《春秋》，而後古聖憂患天下來世之心，不絕於天下。（〈詩古微序（初稿）〉，頁 120）

提出治《詩》的目的，其一為辨析四家詩的問題，其二為闡明周公、孔子制

禮作樂的問題。初魏源排斥《毛詩》把美、刺、正、變之例提到《春秋》之義來發揮（詳見〈毛詩義例中〉）；但是到了 1840 年《詩古微》二刻本的時候，主張不廢《毛詩》，說：「以漢人分立博士之制，則《毛詩》自不可廢，當以齊魯韓與毛並行，頒諸學官，是所望於主持功令者。」（見〈詩古微目錄書後〉）齊魯韓三家詩在亡佚後，朱子《詩序辨》時采魯韓以抑毛，王應麟《三家詩考補》繼之，至明何楷《詩經世本古道》，大張三家之幟，清范家相《三家詩拾遺》、徐璈之《詩經廣詁》作了輯佚的工作，使佚文幾備，但魏源認為他們對三家詩雖有貢獻，猶憾其書案而不斷，因此魏源極力蒐輯整理，發揮其義蘊，並不廢毛詩。他的理由是四家異同，得失可互證。

　　就魏源之研究，四家之異同有四：詩序、篇名、章句、訓詁。

　　有關詩序的問題，魏源認為《詩》以言志，百世同揆：「三家詩如〈列女傳〉及〈韓詩〉諸序，多主作詩之意，《毛詩》多主采詩、編詩之意，而〈關雎〉、〈鹿鳴〉則三家亦有間主於編詩者，旁通善會之，未嘗不名異而實同，而先王以詩教後世之心昭然可見也。」後世之言毛詩者，「執采詩者之意，作為作詩者之意。」，〔註113〕其實三家亦間有編詩奏詩之意，《毛傳》亦不以序詩為作詩，詩序的問題，「齊魯韓毛各有所得，觀其會通以逆其志，未始不殊途同歸者也。」（〈齊魯韓毛異同論中〉，頁 132）

　　〈齊魯韓毛異同論下〉論及篇名、章句、訓詁等異同問題，曰：「篇目雖標，間有更正」，「古人名篇，且有不同」，認為篇名是後人所加；「分章之來舊矣」，四家分章甚至《左傳》、《說文》所引，得失互見，《毛傳》多用古訓，亦不盡合古訓，故其所訓詁可質服古之儒，難語目睫之士焉。另外，論四家之所以有異同，他舉出「《漢書》言《詩》遭秦而存者，以其諷誦不在竹帛。……且齊、魯、韓、毛四家文字異者，動以百數，而篇目並同，如果夫子之經，必不亡則俱亡，當有一家存之者矣。」（〈夫子正樂論下〉，頁 148）

　　由此可知魏源分析三家詩與《毛詩》的紛歧，不拘師法，而力求探討《詩》之本旨及如何發揮詩教原則的社會作用。所謂「揭周公、孔子制禮正樂之用心」，即以《詩》為能達到刺時諷上、風俗教化之目的的理論依據，評時論事，以利社會的治平。〔註114〕

〔註113〕見氏著：《詩古微‧毛詩明義一》，收入《魏源全集》第 1 冊，頁 36。以下引《詩古微》只註篇名、頁碼。

〔註114〕參見李漢武著：〈魏源的經學思想〉，收入林慶彰編：《中國經學史論文選集》，

魏源要昭明聖人救世之心，論《詩》之產生說：

> 夫詩有作詩者之心，而又有採詩編詩者之心焉；有說詩者之義，而
> 又有賦詩、引詩者之義焉。作詩者自道其情，情達而止，不計聞者
> 之如何也，不求致此者之何自也；諷上而作，即事而詠，但斬上窾，
> 不爲他人之勸懲也。至太師採之以貢天子，則以作者之詞而諭乎聞
> 者之志，以即事而詠而推其致此之由，則一時賞罰絀陟興焉。國史
> 編之以備蒙誦教國子，則以諷此人之詩存爲諷人人之詩，又存爲處
> 此境而詠己、詠人之法，而百世勸懲觀感興焉。（〈齊魯韓毛異同論
> 中〉，頁 129）

在此認識下，掌握「蓋采詩以賞罰一時，編詩以勸懲萬世」的精神，本此意
以讀《詩》，「則先王垂世立法之心可見，論世逆志之旨可得，美刺之說可明。」
（〈毛詩明義二〉，頁 41）

《詩》在政治上的作用，是配合著樂，來發揮禮治的精神的：

> 古聖人因禮作樂、因樂作詩之始也，欲爲房中之樂，則必爲房中之
> 詩，而關雎、鵲巢等篇作焉．欲吹豳樂，則必爲農事之詩，而豳詩、
> 豳雅、豳頌作焉；欲爲燕享祭祀之樂，則必爲燕享祭祀之詩，而正
> 雅及諸頌作焉。三篇連奏，一詩一終，條理井然，不可增易。（〈夫
> 子正樂論上〉，頁 137）

孔子對《詩》的整理是：

> 古者樂以《詩》爲體，夫子自衛返魯而樂正，雅頌各得其所，則正
> 樂即正《詩》也。（〈夫子正樂論上〉，頁 137）

孔子有正樂之功，無刪《詩》之事。魏源在〈夫子正樂論中〉有詳細的論證。

魏源並不以解經爲目的，經學、經書對他都只是手段，致用經世才是最
終的目標。《詩古微》的眞旨，在揚三家以通《毛》，以張弘《詩經》的諫世
作用。但時移事異，清代政治環境與漢代不同，西周以《詩》、樂來發揮禮治
精神，兩漢以《詩》諷諫，在清代均不可能復行。故魏源治《詩》一方面發
揮其史家性格，闡釋《詩》的歷史意義——所謂「作詩者之心」、「採詩編詩
者之心」、「說詩者之義」、「賦詩引詩者之義」外，又在其讀書筆記〈默觚〉
中，發揮《詩》的義蘊：〈默觚〉引《詩》達一百八十多次，〔註115〕暢論學、

頁 674。

〔註115〕陳耀南著：《魏源研究》對此詳列魏源所引之詩及引詩方式，可參看。（自印

治之理，常引《詩》爲證，或引《詩》作結。如：

> 人有恆言曰「才情」，才生于情，未有無情而有才者也。慈母情愛赤
> 子，自有能鞠赤子之才；手足情衛頭目，自有能捍頭目之才。無情
> 于民物而能才濟民物，自古至今未之有也。小人于國、于君、于民，
> 皆漠然無情，故其心思智力不以濟物而專以傷物，是鷙禽之爪牙，
> 蠆蠆之芒刺也。才乎！才乎！《詩》曰：「凡民有喪，匍匐救之。」
> （〈默觚下‧治篇一〉，頁 35）

論從政要有情于民物，有了濟民之情，自有鞠之、捍之之才。這種情感即如
《詩》所云：「凡民有喪，匍匐救之。」的情感。又如：

> 秦湯方燠，九州爲爐，故漢初曹參、蓋公沐之清風而清靜以治。若
> 乃席豐履豫，泰久包荒，萬幾叢脞于上，百廢養癰于下，乃不屬精
> 圖治以使民無事，但以清譚清靜爲事，有不轉多事者乎？皇春帝夏，
> 王秋伯冬，氣化日禪，雖羲、黃復生，不能返于太古之淳。是以堯
> 步、舜趨、禹馳、湯驟，世愈降則愈勞。況欲以過門不入、日昃不
> 食之世，反諸標枝野鹿，其不爲西晉者幾希？《詩》曰：「民莫不逸，
> 我獨不敢休！」是以夙夜匪懈，山甫之佐中興；夙興夜寐，魏武之
> 相亡室。（〈默觚下‧治篇二〉，頁 41）

言從政當因時制宜，視政治的需要而採取「清靜以治」或「勵精圖治」的
政策；但歷史的發展，氣化日禪，已不能返于太古淳樸的社會，從政者必須「夙
夜匪懈」、「夙興夜寐」，這就如同《詩》「民莫不逸，我獨不敢休！」的精神。

由〈默觚〉所論，可知魏源所志，乃在通經史，融漢宋，會古今，而又
情切於當前之日用。魏源之學術特質，在能以經通史，並深會於當時之世務
的致用精神。就經學而言：他與乾嘉學者借經學考證以逃避現實者迥異；謂
「君子不輕爲變法之議，而惟去法外之弊，弊去而法仍復其初矣。」（〈默觚
下‧治篇四〉，頁 46）的態度，又與晚清今文學家之提倡變法的冒進作法不同。
他治經所強調的歷史意識，以嚴格的「解經」立場衡之，或不免仍有穿鑿附
會之處；但站在用經的立場，強調六經皆聖人憂患之書，並釐清經學發展的
歷史意義，卻是善於發揮通經致用之功能。

本，1982），頁 78～85。

第三章　常州學派之史學史觀及其經世思想

一、公羊史觀與歷史哲學

　　中國史學發達雖早，卻沒有史學觀念分析的著作；西方近代學者對歷史作觀念的分析，則起自於黑格爾。黑格爾把觀察歷史發展的方法分為三種：原始的歷史、反省的歷始與哲學的歷史。〔註1〕

　　史學的意義，是探討影響人類文明的因素，黑格爾雖作歷史觀念的分析，但他以精神為文明演進的中心，並以此觀念把歷史予以哲學化，使史學成了證明其哲學觀念的工具，實與史學精神相矛盾。〔註2〕因為黑格爾預設一種哲學的立場去解釋歷史，歷史變成演繹他這一套哲學思想的東西，其繆誤已經

〔註1〕　參見氏著，王造時譯：《歷史哲學》，頁 29。
〔註2〕　此意為戴師景賢「比較史學專題討論」一課所強調。黑格爾曾謂：歷史是精神的自我認知，他說：「『精神』……依靠自身的存在，這就是『自由』。……『精神』知道它自己。它是自己的本性的判斷，同時它又是一種自己回到自己，自己實現自己，自己造成自己，在本身潛伏的東西的一種活動。依照這個抽象的定義，世界歷史可以說是『精神』在繼續作出它潛伏在自己本身『精神』的表現。」（見《歷史哲學》，頁 49。）；柯林烏則說：「歷史為人類的自我認知。」（見氏著：《歷史的理念》，臺北：聯經出版社，1981，頁 13）。戴師曾修正二人之說為：「歷史是人對人的行為的自我認知」。因為黑格爾有關世界歷史是精神不斷繼續作出它潛伏在自己精神的表現的說法，無法證明；而柯林烏所謂「人類自我認知的要求」，就今天學術研究的可能而言，有很多途徑，並不必然要從歷史的反省中獲得；而對人的行為的認知，則必然要從歷史發展中，加以反省，而反省之中又必須產生歷史的觀念，才有史學的產生。

爲很多學者所指出。〔註3〕因爲歷史不可能如實重演，而我們本身又有主觀條件的限制，我們永遠無法對歷史做出正確的解釋，因此，戴師景賢認爲歷史研究僅是一種對於歷史意義的論釋而非解釋。孔子以嚴謹的態度收集保存史料以供後人研究。對於歷史的發展，孔子曰：「殷因於夏禮，所損益可知也；周因於殷禮，所損益可知也；其或繼周者，雖百世可知也。」孔子認爲在歷史的研究中，可得一個百世可知的歷史知識，是對歷史知識的取得，抱持一種樂觀的態度，與黑格爾把歷史哲學化不同。

公羊家的歷史觀則與黑格爾相近。董仲舒曰：

> 道之大原出于天，天不變，道亦不變。是以禹繼舜，舜繼堯，三聖相授而守一道，亡救弊之政也，故不言其所損益也。繇是觀之，繼治世者其道同，繼亂世者其道變。今漢繼大亂之後，若宜少損周之文致，用夏之忠者。〔註4〕

即繼治世者，其道同；反之，繼亂世者其道變。故改朝換代的情況有兩種：其一是只改正朔、易服色、以順天命，有改制之名無變道之實的情況。其二是對前代有所損益，即治亂世者其道變。故董仲舒強調「今漢繼大亂之後」，目的即要提出變革的主張，他的〈天人三策〉是根據政治的需要立說，他論變革曰：

> 然夏上忠，殷上敬，周上文者，所繼之捄當用此也。孔子曰：「殷因於夏禮，所損益可知也；周因於殷禮，所損益可知也；其或繼周者，雖百世可知也。」此言百王之用，以此三者矣。〔註5〕

言繼亂世的王者，須以三代的忠、敬、文三道爲序，因所遇的歷史情境，而對前代之道有所損益。雖然每一次變道，都是爲了救溢扶衰，但仲舒曰：「百王之用，以此三者」，卻不免予人歷史循環論的印象。

何休「所見異辭，所聞異辭，所傳聞異辭」，他把歷史分作所見、所聞、所傳聞的三個階段，有人認爲這就是他的上古史、中古史、近代史的階段。又說：「于所傳聞之世，見治起於衰亂之中」，「于所聞之世，見治升平」，「于所見世，見治太平」，則他把理想的太平世，放在現代而非托之遠古。歷史的發展由衰亂到升平到太平。

這不但與傳統儒家把理想托之古代的傳統不符，也與公羊家復古的主張

〔註3〕如柯林烏著《歷史的理念》，即有對黑格爾的批判。
〔註4〕見《漢書·董仲舒傳》（北京：中華書局，1997），頁2518～2519。
〔註5〕見《漢書·董仲舒傳》，頁2518。

相矛盾。公羊家以經學發揮其政治思想，並非客觀的討論歷史，一般以公羊哲學視之；然因其書法、義例，頗涉及歷史詮釋的問題而形成了他們的歷史哲學，故可名之曰公羊史觀；這與通古今之變來究天人之際的史學傳統，是判然兩途的。而公羊史觀以三統三世說解釋歷史，實與黑格爾的哲學化歷史有異曲同工之處。

二、中國傳統中之史學經世思想

　　孔子認為探討歷史的變化，「載之空言，不如見諸行事之深切著明。」空言立說只能對一般問題做一些原則性的概括，歷史的認識非一端可竟，在具體的歷史記載中，可以有多方面的作用。後人論此者，如：

　　　　孔子成《春秋》而亂臣賊子懼。〔註6〕

　　　　褒見一字，貴逾軒冕；貶在片言，誅深斧鉞。〔註7〕

所論即著眼於彰善癉惡，以歷史的記錄和批判，使人知所戒懼，而產生良好的行為，則史學就有了道德規範的作用。又如：

　　　　今《通典》之作，……始可以度其古，終可以行於今，問而辨之，
　　　　端如貫珠，舉而行之，審如中鵠。夫然故施於文學可為通儒，施於
　　　　政事可建皇極。〔註8〕

　　　　（《資治通鑑》）舉措機要，專取關國家興衰，繫生民休戚，善可為
　　　　法，惡可為戒者，為編年一書。〔註9〕

《通典》、《通鑑》古人所謂「二通」，其目的明顯地在作為施政者施政的參考，另外如船山所論曰：

　　　　所貴乎史者，述往以為來者師也。為史者記載徒繁，而經世之大略
　　　　不著，後人欲得其得失之樞機以效法之無由也，則惡用史為？〔註10〕

所謂「經世之大略」蓋為資治之用，而「述往事以為來者師」，則為一種取鑑的作用。這些論點實皆互為表裡：為政者如知所戒懼，則政治自然清明，則張善癉惡，使人有以取鑑及資治之作用亦即同時發生。因此，彰善癉惡、資治、取鑑等觀念，是三而一，一而三的。而正由於此種為實用的經世目的而

〔註6〕見《四書集註‧孟子‧滕文公下》，卷6，頁12～13。
〔註7〕劉勰著，周振甫注：《文心雕龍注釋‧史傳》（臺北：里仁書局，1984），頁293。
〔註8〕見李翰著：《通典‧原序》（臺北：臺灣商務印書館，1987，頁3。
〔註9〕見司馬光著：《資治通鑑‧進書表》（臺北：世界書局，1974），頁9607。
〔註10〕見王夫之著：《讀通鑑論》（臺北：河洛書局，1976），頁156～157。

撰史，成爲學者普遍的觀念，並造成風氣，使中國史學之發達，史家之多，史著之豐富，均成爲世界之最。〔註11〕

由於中國史家於哲學立場之外，多抱持經世的目的在撰史，故其研究亦往往選取與自身關切之問題相關之對象，以達鍼砭時病的作用，有時同一件史事，不同的史家，有完全不同的詮釋。如三國分爭，北宋司馬光《資治通鑑》以正統屬魏，南宋朱子《通鑑綱目》以正統屬蜀漢，即是一例。

以功能觀點而言，爲經世目的而作的史書，其立論觀點可稱之爲經世史觀。抱持經世史觀不害其持有其他哲學史觀，如龔、魏史學以經世爲目的，而受有公羊史觀的影響。持不同哲學觀點，同樣可以有經世的史作。唯就史學研究而言，預設立場，往往蔽於某些執見，影響其結論的客觀性。如莊存與、劉逢祿、宋翔鳳本於公羊哲學史觀，雖有一些對歷史問題的看法，或歷史事件、年代等的考證，但大體觀點很難不受其經學思想的影響。

至於在歷史分期問題上，定盦以三世劃分古今，魏源認爲歷史進化「如寒暑然」，太古不能不中古，中古不能不末世，無待於聖人或帝王的逆或抑，這種思想仍是公羊哲學式的。但定盦倡議尊史，以史官佐人主治國；而定盦即「願爲其人」，因此「尊史」之說，就是定盦經世心理的表現。魏源認爲歷史進化到氣運末世或衰亂世時，必須聖人和帝王及時逆、抑，撥亂反正，才能反本復始，復反到另一個氣運的太古時代，古今歷史的三復過程，須賴聖人、帝王人道設教的相逆相克而成（詳見〈默觚下・治篇十一〉，頁 65～67）；故遭逢時代的巨變，積極撰史，以期發揮史學經世的作用，在其史學著作中，更是緊緊扣著時代問題。他們可說一方面向上繼承了中國史學經世的傳統，一方面向下開啓了中國近代史學的發展，在史學經世的實踐上產生了極大的影響。

第一節　莊存與、劉逢祿、宋翔鳳之公羊哲學史觀及其經世思想

一、莊存與之史觀

存與致力經學，並沒有史學方面專著，曾說：「古籍墜湮什之八，頗藉僞

〔註11〕黑格爾即指出：「中國『歷史作家』的層出不窮、繼續不斷，實在是任何民族所比不上的。」見氏著：《歷史哲學》，頁 177。

書存者什之二。」〔註 12〕說明他對經籍所取擇的是其中的義理而不措意於真偽問題。又存與以《周官》為先王經世之書，〈冬官司空記序〉曰：

> 夏王之作司空，周公之建事典也，其道甚著，萬世卒不可廢，安可泯沒哉？《儀禮》十七篇，有經復有記，蓋書缺簡脫，而賢者陳誦所聞，及宋劉敞為士相見，公食、大夫作義皆效往古之辭，斯學者之成法也。謹采《尚書》、《國語》，及博文有道術之文，宣究其意，為司空作記，以附於書闕有間之義。〔註 13〕

《周官》為戰國晚出書，非周公時代之官制已成定論，而存與卻「以為周家制度，莫備於《周官》，《周官》式法，根柢皆在〈冬官〉，〈冬官〉存，舉而錯之天下無難也。」〔註 14〕而作「采《尚書》、《國語》，及博文有道術之文，以宣究其意」等等的工作，可見他治經首重組織經義，而荒於史料的考證。

乾嘉史學以考史為特色，〔註 15〕除錢大昕著《二十二史考異》、王鳴盛著《十七史商榷》、趙翼著《二十二史箚記》或意在綜貫諸史，得有折衷外，一般史學家多作枝節的考史工作。莊存與雖不以史學名，但他公羊哲學的歷史觀，以致用、取鑑為治史的目的，則充份表見其異於時趨的經世精神。然而，強調致用，固然使存與之學獨出時流；一意致用而荒於考證，卻也使存與之學隱伏危機，今日的考證結果即已完全推翻其《周官》之論。〔註 16〕

二、劉逢祿之史觀與史論

　　逢祿曾與劉鳳誥商五代史，與徐松論地理，著有《漢初述例》一卷；曾

〔註 12〕莊存與之言見：《龔定庵全集類編‧資政大夫禮部侍郎武進莊公神道碑銘》，頁 296。

〔註 13〕見《續經解》，卷 160，頁 2。

〔註 14〕見莊綬甲著：〈周官記跋〉，收入《續經解》，卷 165，頁 1；卷 160，頁 2。

〔註 15〕柳詒徵謂：「乾嘉諸儒所獨到者，實非經學而為考史之學。……諸儒治經實皆考史，或輯一代之學說，或明一師之家法，于經義亦未有大發明。」見氏著：《中國文化史》下冊（臺北：正中書局，1989），頁 119。

〔註 16〕如錢先生〈讀周官〉曰：「《周官》體國經野，猶可說為封建時代之所有。至云設官分職，則明與封建世襲有別，非晚周以下不能有此想也。……國之治在官，官之職在民，此非初創封建時之政治意願甚顯。」見氏著：《中國學術論叢》二（臺北：東大圖書公司，1980），頁 383。雖然學術研究後出轉精，不能以後人見識來否定前人的成績，但《周官》為戰國晚出書，在存與之前已多數有討論，而存語與忽之。

摹繪全國十六省輿地圖志一冊，見其重地學之致用；〔註17〕又著《左氏春秋考證》二卷等。《左氏春秋考證》曰：「《左氏春秋》猶《晏子春秋》、《呂氏春秋》也，直稱春秋，太史公所據舊名也。冒曰《春秋左氏傳》，則東漢以後之以訛傳訛者矣。」〔註18〕認為《左傳》屬雜史之作，它成為釋經之傳，是經過劉歆改編的結果。本書上卷摘出《左傳》段落，箋證其義例為劉歆所附益；下卷「援群書所引何鄭之論三十餘篇」，〔註19〕即選錄《史記》、《漢書》下迄孔穎達疏等書之述及《左傳》者，或取或駁，以實己說。

逢祿有史識、能考史，如以「左氏為戰國時人，故其書終三家分晉。」謂翔鳳曰：「子信《公羊》而以《左氏》、《穀梁》為失經意，豈二氏之書開口便錯，余為言《穀梁》隱元年傳之失，而檢〈魯世家〉，果與今《左氏》不合。」〔註20〕但他考證的目的非純為史學的研究，而是為了證明《春秋》義法只有《公羊傳》得之，故他指陳劉歆纂益的部份，不免有厚誣劉歆的成份，錢先生〈劉向歆父子年譜〉一文已詳論劉歆無纂改《左傳》之事，逢祿所論也就站立不住。

逢祿雖知「史家各自為例，不必效《春秋》，亦無倍《春秋》也」之義，但對逢錄而言，《春秋》的價值是作為治法的經而非史，他說：「孔子成《春秋》于禹抑洪水、周公兼夷狄之後，為第三治。」他論史也是本之於《春秋》之意。〔註21〕故曰：

史家正統之例，則實本《春秋》通三統之義。太史公作〈五帝本紀〉，列黃帝、顓頊、高辛、堯、舜，而不數少昊氏。斯義也，本之董生論三統，孔子論五帝德，《國語》柳下惠論祀典。蓋少昊氏之衰，九黎亂德，顓頊修之，故柳下、孔子、董生、太史公論列五帝，皆挑少昊一代于不言，視〈月令〉郯子所論，識殊霄壤。此正統本於三

〔註17〕陸寶千先生謂：「清朝一統之圖，內府所祕，……所以摩其大略，經世之意潛趨之也。」見〈愛日草堂諸子之萌坏〉，收入《近史所集刊》，第16期，（中央研究院，1987年6月），頁7。

〔註18〕見《經解‧左氏春秋考證》，卷1294，頁1。

〔註19〕見《經解‧箴膏肓評》，卷1296，頁14。

〔註20〕見《經解‧左氏春秋考證》，卷1294，頁2。

〔註21〕《劉禮部集》卷3，有〈春秋論〉上下兩篇，前述引文分別見於〈春秋論〉上；〈春秋論〉下。另《魏源集》亦有〈公羊春秋論〉上、下兩篇，內容與《劉禮部集》之文相同；就其內容及注曰：「辨詳《左氏廣膏肓》」等觀之，此二文應是逢祿之作，誤入《魏源集》。

統之明徵，豈徒臚列紀載，體同肎史，遂並董狐乎！〔註22〕

以上所論，強調史學正統本於三統，正見逢祿所持的歷史觀是公羊哲學史觀。

三、宋翔鳳之公羊史觀與所寓寄之復古意識

翔鳳不以史學名，曾輯《帝王世紀集校》。自序曰：「《隋書·經籍志》，《帝王世紀》十卷，皇甫謐撰，起三皇盡漢魏。至唐以後亡矣。今由舊書略加搜采，粗分卷帙，校定其文，燦然可誦。」〔註23〕另讀書札記《過庭錄》的六百餘條考證中，有一些關於歷史的考證：卷十一專考《史記》、卷十二考《漢書》以下諸史，其他卷經學的論述中，時亦論及史事，如卷四～五〈尚書略說〉有論「古禮巡守封禪」、「武王伐殷年」、「伯禽受封年」、「周公攝政年」等；卷九有「元年春王正月」、「鄭伯克段子鄢」、「天王使宰咺來歸惠公仲子之賵」、「夫人子氏薨」、「君氏卒」、「孔子生在襄公二十二年」等；卷十有「孟子事跡考」等。

翔鳳研史，有作文字考證者，亦不乏牽引公羊褒貶之義論史事者，如「茅闕門」條：

《史記·魯世家》：煬公作茅闕門。

《春秋》定二年，雉門及兩觀災。

昭二十五年《公羊傳》，昭公曰：吾何僭矣哉？

子家駒曰：設兩觀、乘大路、朱干玉戚以舞大夏、八佾以舞大武，此皆天子之禮也。

（翔鳳曰）魯作兩觀，《春秋》不書，則煬公之築茅闕門，正始僭兩觀也，子長記之，以補《春秋》之義。（自注：公羊昭廿五年疏云：正以魯人始僭在春秋前，至昭已久，故不自知，亦一證。）〔註24〕

翔鳳認為《史記》記「煬公作茅闕門」，是為了補《春秋》之義。其實，《春秋》是根據魯史舊文，史料所無，孔子自然不記，且《春秋》始於隱公，煬公之事，自不收入。而《史記》記〈魯世家〉，上起周公、伯禽，當然會記入煬公之事，未必為補《春秋》之義，翔鳳以《公羊》之義治《論語》，於此則

〔註22〕《劉禮部集·春秋論上》，卷3。

〔註23〕引自鍾師彩鈞著：〈宋翔鳳的生平與師友〉，收入《第一屆國際清代學術研討會論文集》（高雄：中山大學，1993），頁，202。

〔註24〕見氏著：《過庭錄》，卷11，頁192。

又以《公羊》之義治《史記》。又如「元年春王正月」曰：

> 案：《公羊春秋》義，元年爲君之始，春爲歲之始，王謂文王爲王之始，正月月之始，公即位爲一國之始，是爲五始。何休說曰：變一爲元，元者氣也，無形以起，有形以分，造起天地，天地之始也，故上無所繫，而使春繫之也。惟王者然後改元立號，以繼天奉元，養成萬物。……董仲舒言，王者上承天之所爲，下以正其所爲，正王道之端云爾。《春秋》以王上承天，故繫王於春，而繫正於王。《春秋》之名，即太史正歲之法，孔子之所竊取。則《春秋》之義，天法也，其不隨正朔而變，所謂天不變也。正月以下，皆王之所爲，故有三統，而史之文用之，凡商周之書，稱月者未嘗繫時，又代所流傳商周彝器，其銘詞皆史官所纂，皆稱月而不繫時，以繫時則文不順也。〔註25〕

仍是雜引公羊說法解釋《春秋》記時的含義。翔鳳的另一標準是以古爲鑒，六十二歲時有〈劉子壽（康）紅豆山莊藏書圖〉詩，曰：

> 當自北宋前，直取周秦溯。亡者致莫從，存者守無斁。著書曰凌雜，紛然起南渡。闕謬乃留眞，此理安能喻。〔註26〕

主張讀書當問途於北宋以前，足見宋翔鳳有明顯的崇古心理，應爲公羊家「善復古」〔註27〕心理的表現。

第二節　龔定盦之尊史思想與其三世論

一、龔定盦尊史思想之內容及意義

定盦尊史思想受實齋影響，此前人研究已有所言，如錢賓四先生謂其「有志爲昭代治典之探討，……陳意至新穎，而實承襲實齋六經皆史之說也。」〔註28〕

〔註25〕見氏著：《過庭錄》，卷9，頁148～149。

〔註26〕引自鍾師彩鈞〈宋翔鳳學術思想概述〉一文，於翔鳳之崇古心理，鍾師曾有詳密的探討，他認爲對當時風氣的浮薄、文詞的頹靡，翔鳳乃以崇古學的藥方來挽救。收入《清代經學國際研討會論文集》（臺北：中央研究院，1994年6月）。

〔註27〕公羊家有復古的主張，如《公羊傳·昭五年》：「舍中軍者何？復古也。」何休《解詁》曰：「善復古也。」見《春秋公羊傳何氏解詁》，卷22，頁6。

〔註28〕見氏著：《中國近三百年學術史》，頁535。

　　章實齋《文史通義》提出「六經皆史」的主張，認爲「六經皆先王之政典」，記錄的是「先王得位行道，經緯世宙之跡。」反對守六經以言道，他認爲「道」是萬物之所以然者，是客觀的存在於宇宙人生中的規律和眞理，「舍天下事物人倫日用而守六籍以言道，則固不可與言夫道矣。」「盈天地間，凡涉著作之林，皆是史學，六經特聖人取此六種之史以垂訓者耳。子集諸家，其源皆出於史。」〔註29〕因此實齋提倡史學經世。

　　但實齋地位不顯，所處時代文網尚密，風氣也未開，其議論主要雖著重在政治、社會問題，實際上在當時並不受重視。定盦於文網初開之際，由於社會現實的激盪，吸收實齋觀點，形成其尊史的思想。〔註30〕

　　定盦的尊史專篇論文爲〈尊史〉、〈古史鉤沈論二〉等，〔註31〕又在〈乙丙之際著議〉、〈五經大義終始答論〉、〈尊隱〉等文中也有所闡發。其尊史之義即是要把今日「史」恢復到古代「史」的地位，〔註32〕古代「史」之重要性爲今人所忽略，定盦要把它的重要性鉤出，以爲今人所諮諏取法。曾說：「周之世官大者史，史之外無有語言焉，史之外無有文字焉，史之外無人倫品目焉。史存而周存，史亡而周亡。」史地位之重要於此可見，因此，「欲知大道，必先爲史。」（〈古史鉤沈論二〉，頁99）又繼實齋「六經皆史」、「子集諸家其源皆出于史」之說，提出「經子皆史」之說：

　　　　夫六經者，周史之宗子也。《易》也者，卜筮之史也；《書》也者，記
　　　　言之史也；《春秋》也者，記動之史也；風也者，史所采於民，而編
　　　　之竹帛，付之司樂者也；雅、頌也者，史所采於士大夫也；禮也者，
　　　　一代之律令，史職藏之故府，而時以詔王者也；小學也者，外史達之
　　　　四方，瞽史諭之賓客之所爲也。……故曰：五經者，周史之大宗也。

<hr />

〔註29〕　以上引文分別見於氏著：《文史通義・易教上・原道中・報孫淵如書》，頁1、
　　　　　頁3；頁132；頁4。
〔註30〕　參見鄔先進著：《龔自珍論稿》（大陸：南海出版公司，1992），頁71～72。
〔註31〕　〈古史鉤沈論〉現存四篇，據《定盦文集類編》於四篇題目下，注補編於第
　　　　　一、三、四分別題爲覘耻、志寫定群經、賓賓，第二篇又題尊史二，四篇所
　　　　　論原似不相連屬。第一篇之大旨責霸天下之君仇忌天下士，又屈辱之而去其
　　　　　羞恥之心，一旦有事，則又責士之無恥。第三篇說明何以不能寫定群經的原
　　　　　因。第二篇尊史與第四篇賓賓所論內容關係較爲密切。
〔註32〕　今人袁英光著：《中國近代史學史》謂：「『鉤沈』的意思即是希望把古史官之
　　　　　職的重要性，恢復到近世史官之那樣重要。」（江蘇：古籍出版社，1989），
　　　　　頁45）之說，容易引起混淆；定盦之意是要把近世史官之地位提升到古史官
　　　　　之職的重要性。

> 孔子歿，七十子不見用，衰世著書之徒，蜂出泉流，漢氏校錄，撮最
> 爲諸子，諸子也者，周史之小宗也。（〈古史鉤沈論二〉，頁99）

定盦所謂「史」，包括史官及史官所掌記的典章文獻（有時擴及記錄於簡冊的
一切典籍），史的來源定盦雖未論述，但史、士、師儒、賓往往並論，史、師
儒、賓實皆士爲之。

定盦說：「自周而上，一代之治，即一代之學也。」（〈乙丙之際著議六，
頁66）而士能由學而識立法之意，師儒能推闡立法之意，史是立法、宣教之
人。其言曰：

> 天下不可以口耳喻也，載之文字，謂之法，即謂之書，謂之禮，其
> 事謂之史。職以其法載之文字而宣之士民者，謂之太史，謂之卿大
> 夫。……民之有識立法之意者，謂之士。士能推闡本朝之法意以相
> 誡語者，謂之師儒。（〈乙丙之際著議第六〉，頁66）

定盦又強調要治國，先重本朝之法意，他說：

> 師儒有能兼通前代之法意以相誡語焉，則兼綜之能也，博聞之資也。
> 上不必陳於王，中不必采於其家宰其太史大夫，下不必信於其民；
> 陳於王，采於宰，信於民，則必以誦本朝之法，讀本朝之書爲率。（〈乙
> 丙之際著議第六〉，頁66）

「陳於王，采於宰，信於民」必須誦讀本朝之法與本朝之書；而前朝之法意，
只是博聞之資而已，與治無關。

又指出士須熟習本朝史事而助人主治國。曰：

> 世之盛也，登於其朝，而習其揖讓，聞其鐘鼓，行於其野，經於其
> 庠序，而肄其豆籩，契其文字。處則爲佔畢絃誦，而出則爲條教號
> 令。在野則熟其祖宗之遺事，在朝則效忠於其子孫。夫是以齊民不
> 敢與師儒齒，而國家甚賴有士。及其衰也，在朝者自昧其祖宗之遺
> 法，而在庠序者猶得據所肄習以爲言，抱殘守闕，纂一家之言，猶
> 足以保一邦，善一國。……後之爲師儒不然，……昭代功德，瞠目
> 未睹。（〈乙丙之際著議第六〉，頁67）

盛世之士、師儒，在朝能條教號令，在野能熟習當朝之事；衰世之士、師儒，
已喪失其政治功能，只能藉由纂著報效國家；而後世之士、師儒，則二者並
失之。定盦意欲恢復師儒的作用，要發揮其功能必先恢復其地位，故極言師
儒之尊，曰：「蓋士之任師儒者，令聞之樞也，令聞饗帝之具也，其在《記》

曰：三代之王也，必先其令聞，夫名士去國而王名微，王名微而王道薄。」（〈五經大義終始論〉，頁78）

論士又有賓的身份，曰：「謹又求之《洪範》八政，七曰賓，八曰師，賓師得而彝倫敘也。」（〈五經大義終始論〉，頁78）又云：「古之王者存三統，國有大疑，匪一祖是師，于夏于商，是參是謀。……」（〈古史鉤沈論二〉，頁101）提出王者之賓賓，有利於王者之治國。

賓與史的關係為何？曰：「王者，正朔用三代，樂備六代，禮備四代，書體載籍備百代，夫是以賓賓。」（〈賓賓〉，頁105）前朝禮、樂、書，對於王者而言皆為賓，而惟王者能兼禮待之，視之為賓，故曰：「史也，獻也，逸民也，皆於周為賓也，異名而同實者也。」（〈賓賓〉，頁107）又曰：「賓也者，異姓之聖者魁傑壽耇也。……進中禮，退中道，長子孫中儒，學中史。王者於是芳香其情以下之，玲瓏其誥令以求之，虛位以位之。」（〈賓賓〉，頁107）清楚的闡述了賓與史的關係。

若把〈乙丙之際著議第六〉（1815～1816）、〈五經大義終始論〉（1823）、〈尊史二〉（1825～1833）、〈賓賓〉（1825～1833）做一比較，則賓的觀念由良士而擴大而包括前朝的歷史、文獻、典章制度、逸民；而賓士所習，亦已由本朝掌故、法意，擴展為前代禮樂、歷史文獻。其轉變之因當與政治之日益惡化，及定盦個人識見之擴展有關。周啓榮先生於此曾有深刻的分析，他說：

> 〈明良論〉、〈乙丙之際著議〉等篇嚴責清室不知優禮士人，而〈乙丙〉第六又強調士諳熟其祖遺事，效忠其朝，國家之安危與士有極密切的關係。當時自珍中心的問題為滿人對漢士的猜防賤視。嘉道之際，自珍已見衰亂之機，亟待更法以圖新，更法必賴良士。……不變法則必亡。……異姓之士為賓，賓不僅熟本朝掌故，亦抱持前朝禮樂道藝，異姓之士，前代的史、文獻既為賓，則國有大疑，或須變法圖新之時，可以資取諏諮者富矣。〔註33〕

隨著時代的變化，賓士的責任也日益加重，藉由其對本朝「法」、「書」之認識，佐人主治國；若國有大疑，更賴其總結歷史的經驗教訓，定盦經世之志即在此，故曰：「自珍於大道不敢承，抑萬一幸而生其世，則願為其人歟！願為其人歟！」（〈古史鉤沈論二〉，頁103～104）

〔註33〕見〈從「狂言」到「微言」——論龔字珍的經世思想與經今文學〉，《近世中國經世思想研討會論文集》（臺北：中研院文哲所，1984），頁311。

二、龔定盦之三世論及其運用

定盦的史觀是建立在公羊三世義的基礎上而加以靈活的運用，如曰：「君子所大者生也，所大乎生者時也。是故歲有三時：一曰發時，二曰怒時，三曰威時；日有三時：一曰蚤時，二曰午時，三曰昏時。」（〈尊隱〉，頁96）其文以生動的三時的景象，喻宗法社會從發生、發展到衰落的過程。後來三世就成了觀察事物發展的方法，說：「通古今可以為三世，《春秋》首尾亦為三世，《大撓》作甲子，一日亦用之，一歲亦用之，一章一蔀亦用之。」（〈五經大義終始論·答問八〉，頁83）

古今可以分為三個階段，任何一個事物的自身發展過程也可分為三個階段：「萬物之數括于三：初異中，中異終，終不異初。一匏三變，一棗三變，一棗核亦三變。」（〈壬癸之際胎觀第五〉，頁 111）因此從古今歷史發展到宇宙的萬事萬物，均具有此三階段的發展過程，因此三世在定盦是一個普遍性的命題。而定盦之目的則在發揮其經世之論，分述如下：

1. 論 世

〈洪範〉八政配三世，八政又各有三世。顧問八政配三世，曰食貨者，據亂而作；祀也，司徒、司寇、司空也，治升平之事：賓師乃文致太平之事，孔子之法，箕子之法也。（〈五經大義終始答問一〉，頁81）

定盦認為他所在之世是據亂之世，故為政當以食貨為先，加上直、豫、魯三省天理教，及湖北白蓮教起事之刺激，于是有〈平均篇〉之撰，確認食眾生寡、財用不足、貧富懸殊，是嘉慶末年最迫切又最根本之問題。定盦強調千萬載治亂興亡之數，實取決於君、臣、民三者間財貨之分配是否得當，世間貧富是否懸殊，細民生計是否有著。以水為喻，三代之世「君取盂焉，臣取勺焉，民取卮焉。」故天下相安無事，君民相處璩然。是為最上之世。等而下之。「則勺者下侵矣，卮者上侵矣。」再下之，「則君取一石，民亦欲得一石。」（〈平均篇〉，頁62）則爭亂就隨之而起了。

定盦論食貨為政治之先務，應為當時政治之問題而發，上欲為政者重視平均分配之問題，下欲人民安於其份，庶幾動亂之不起。

2. 論 仕

統治皇族不可能永遠出產雄武聖智的領袖，欲求維繫政統，興利除弊，

必賴異姓聖智。王朝命運實繫於統治者能否賓賓。爲達到經世的目的，定盦認爲異姓之賓的作爲，應隨時勢之不同而異。他說：

> 古者開國之年，異姓未附，據亂而作故外臣之未可以共天位也，在人主則不暇，在賓則當避疑忌。是故箕子朝授武王書而夕投袂於東海之外。易世而升平矣，又易世而太平矣，賓且進而與人主之骨肉齒。（〈賓賓〉，頁 105～106）

據亂之世人主對外臣懷有敵視猜防之心，即人主寵信有加，外臣仍當避忌。而太平之世，人主之骨肉與異姓魁傑相處已久，已共存並列，不當有如初之猜疑避忌疏隔其間。賓籍之臣若遇人主禮待，則應「榮其國家」、「華其祖宗」、「教訓其王公大人」（〈賓賓〉，頁 106）。定盦一生汲汲於科舉，希望登入仕途，又常譏議時政，或許就因他以賓自許之故。

3. 論　才

才的不同，「治世爲一等，亂世爲一等，衰世別爲一等。」（〈乙丙之際著議第九〉，頁 68）定盦自視所處的時代爲衰世。

就外貌觀之，衰世頗類於治世。「文類治世，名類治世，聲音笑貌類治世。」（〈乙丙之際著第九〉，頁 69）就實質而言則衰世之特徵在無才，「左無才相，右無才史，閫無才將，庠序無才士，隴無才民，廛無才工，衢無才商，抑巷無才偷，市無才駔，藪澤無才盜。則非但屠君子也，抑小人甚屠。」（〈乙丙之際著議第九〉，頁 68）

衰世之可悲，在「當彼其世，而才士與才民出，則百不才督之縛之，以至於屠之。……徒屠其能憂心，能憤心，能思慮心，能作爲心，能有廉恥心，能無渣滓心。又非一日而屠之，乃以漸。」於是「才者自度將見屠，則蚤夜號以求治，求治而不得，悖悍者則蚤夜號以求亂。」（〈乙丙之際著議第九〉，頁 69）至此，亂將不遠了。定盦此文之目的，在揭出衰世風俗之扼抑人才，強調統治者應善導人才之發展，否則易造成大亂，此於當時民變紛乘之時，定盦能窮本溯源，直指問題核心，而非一昧以兵力鎮壓，有其卓見；另外，定盦又指出「是故智者受三千年史氏之書，則能以良史之憂憂天下。」其憂患意識，如「履霜之屬，寒於堅冰；未雨之鳥，戚於漂搖。」（〈乙丙之際著議第九〉，頁 69）故應「探世變」。爲政者，若能尊史、重士，用其救弊、修廢、革窮之建議，或尚有可爲。於此定盦汲汲用世之情，溢於言表。

三、龔定盦史學之價值

中國學術初無經史之別，《尚書》、《春秋》為史家之權輿，〈漢志〉以太史公書列於《春秋》家，至李充、荀勗創分四部，經史始分。實齋說：「事有實據，而理無定形，故夫子之述六經，皆取先王典章，未嘗離事而著理。後儒以聖師言行為世法，則亦命其書為經，此事理之當然也。」〔註 34〕實齋六經皆史論之要旨，在言求道者不當捨當身事物人倫日用。實齋又致力闡發書教，而未有春秋教之作，則其六經皆史之說只重史官為技術官員之意義，而於孔子所以是非因革的歷史意識則未加重視。〔註 35〕

定盦之尊史則一方面因其為「以法載之文字宣之士民」，此為實齋論史之用；另一方面定盦更重史「能入」、「能出」的作用。何謂「能入」、「能出」？定盦曰：

> 天下山川形勢，人心風氣，土所宜，姓所繫，國之祖宗之令，下逮吏胥之所守。其於言禮、言兵、言獄、言政、言掌故、言文章、言人賢否，皆如其言家事，可謂能入矣。……天下山川形勢，人心風氣，土所宜，姓所繫，國之祖宗之令，下逮吏胥之所守，皆有聯事焉，皆非其所專官，其於言禮、言兵、言獄、言政、言掌故、言文章、言人賢否，辟優人在堂下，號咷舞歌，哀樂萬千，堂上觀者，肅然踞坐，盼睞而指點焉，可謂能出矣。（〈尊史〉，頁 92）

此即能融匯一切典制，洞悉一切政治問題，不但明其所以然之故，又能對當時的需要提出建謨。此見定盦於孔子作春秋之意深有會心，可惜他未能像孔子一樣以具體的史書呈現出來，但他論史，較實齋層面更廣。

三世觀是定盦政論的基礎，導源於逢祿。究其實質是一種歷史解釋方法，亦為其歷史哲學觀。西方學者想從歷史的解釋、綜合而得出歷史定律的努力，從黑格爾、馬克斯、斯格勒、湯恩比以來，都以部份歷史材料來概括世界歷史，又推之於現在及未來，其謬誤及可能產生的弊病已顯露無遺，第二次世界大戰以來，學者已不再認為歷史上可以得到什麼定律。如 1957 年卡爾·巴柏《歷史定論主義的窮困》，即是一本革命性的著作，他不認為歷史有所謂定律。歷史有趨勢，它是現存現實的一種說明，趨勢可以尋找，但趨勢不是定律，所以巴氏強調歷史上沒有最後的解釋，我們無法預測未來。他說：「相信

〔註 34〕見氏著：《文史通義·經解中》，頁 102。
〔註 35〕詳見氏著：〈孔子與春秋〉，《兩漢經學今古文平議》，頁 271。

命運本身，就是一種迷信，我們無法用科學或其他理性的方法來預測人類歷史的歷程。」〔註36〕

定盦之三世觀雖近似一種歷史循環論，但他的目的在現實政論之引申發揮，且靈活運用，常為巧妙的比附，例如在論才時，他以當時為衰世「是故智者受三千年史氏之書，則能以良史之憂憂天下」，呼籲為政者要重視「良史之憂」，定盦則願為其人；而在論仕之時，他又自視為「古者開國之年，異姓未附，據亂而作，故外臣未可以共天位也。在人主則不暇，在賓則當避忌，……易世而升平矣，又易世而太平矣，賓且進而與人主骨肉齒。」又以所處時代為太平世，應該出仕。由此，可見定盦三世觀只是一種論政的手段，「是用今文經學『這種借來的語言』，來表達其社會歷史觀和進行其創造自己的歷史的活動的。」〔註37〕以此為更法的理論根據，而非嚴格意義的歷史必然論的循環論。因此即使定盦甚重史學的研究與著作，仍是一個經世學者，而非史學家。

第三節　魏源之經世史觀及其著作

一、魏源之經世史觀

乾嘉時期的史學，以舊史的辨偽、校注、考訂、輯佚以及補正改作為主；嘉道以還，隨著經世學風的興起，經世史學蔚然興起。魏源是此期中重要的經世史學家。

魏源受董仲舒思想的影響，於三十六歲（1829）時，撰《董子春秋發微》，已有文質再復的歷史觀念。據自序謂此書主旨在：「發揮公羊之微言大誼，而補胡毋生《條例》、何邵公《解詁》所未備也。」（〈董子春秋發微序〉，頁134～135）所謂公羊之微言大義，即指張三世、通三統、異內外，而魏源所著重者，尤為張三世。魏源所論之張三世近於何休所闡發之歷史三世義。例如他以三世說明有清一代學術事功之升進云：「清之興二百年，通儒輩出。若所見之世，若所傳聞之世，則有……。」（〈劉禮部遺書序〉，頁242）又云：「矧我聖清皥皥二百載，由治平、升平而進于太平；元氣長于漢，經術盛于唐，兵

〔註36〕Karl Popper 著，李豐斌譯：《歷史定論主義的窮困》（臺北：聯經出版社，1984），頁1。

〔註37〕見袁英光著：《中國近代史學史》，頁54。

力、物力雄于宋……」（〈國朝古文類鈔序〉，頁 229）及至《老子本義》又於治平、升平、太平三世義之外，另立太古、中古、末世三世說。以中國歷史之演化而言，堯舜之世當太古，以夏、商、西周當中古，春秋戰國屬末世。「迨漢氣運再造，民脫水火登衽席，亦不啻太古矣。」（〈論老子二〉，頁 258）而晚年著作乃慨嘆曰：「天地之氣，其至明而一變乎？滄海之運、隨地圓體，其自西而東乎？」〔註 38〕他甚至臆度，隨此自西北而東南之天地之氣運之變而來者，為一東西融會、中外一家的新太平之世。又曰：「天道循環，物極必反，不及百年，向之畸重於北者，終復盡歸江南，乘除勝負，豈非理勢固然哉。」〔註 39〕相應於歷史三世者，為治道三世，魏源認為文之極則亂，亂之極則必返於質而後治。所謂「天道三微一著，即指治道之必然經歷治平、升平、太平之過程而反于亂；治績之必然經歷太古、中古、末世之由質趨文而復反於質之循環。〔註 40〕

在此哲學史觀下，魏源強調體認歷史中發展的「勢」，他說：

> 春秋之世踊貴履賤，不讀穆王、甫刑之書，孰知三苗之制，或夫子錄之於書，則知聖人用世，肉刑必當變。匪直此也，春秋譏世卿，惡其以貴族防賢路，則知選舉必當變；春秋合伯、子、男一等，使國無過大過小，以杜兼并，則知封建必當變；錄〈費誓〉、〈秦誓〉于篇末，示費將代魯，秦當代周，田、韓、趙、魏以陪臣代諸侯，秦起戎翟，以并天下，則知天下大勢所趨，聖人即不變之，封建亦必當自變。……惟王變而霸，道德變而功利，此運會所趨，即祖宗亦不能不聽其自變。〔註 41〕

歷史的變化有一種「勢」，此為「運會所趨」，但若只一昧順「勢」，一切「聽其自變」，就沒有研究史學、發展史學的必要；人的行為也就沒有自主的可能性。於此魏源提出人在此運會之中，有其積極、自主、影響運會的力量：其一為聖賢助長（國以人興），他說：

> 國家之賴賢才也，功莫大于成君德，而立政次之，故有內匡、有外匡。與離婁同楫固不濟，與師冕同轍固不躓；成王與周公同居，故

〔註38〕見《海國圖志・敘東南洋》（長沙：岳麓書社，1998），頁 347〜348。

〔註39〕見《元史新編・擬進呈元史新編表》，收入《魏源全集》第 8 冊，頁 5。

〔註40〕參見許冠三著：〈龔魏之歷史哲學與變法思想〉，收入《中華文史論叢》，1980，頁 85〜87。

〔註41〕見《書古微・甫刑篇發微》，收入《魏源全集》第 2 冊，頁 352〜353。

> 成王化而爲周公；管、蔡與祿父同居，故管、蔡化而爲祿父，此內
> 匡之益也。得一后夔天下無難正之五音；得一伯樂，天下無難馭之
> 良馬；得一顏、牧，天下無難禦之外侮，此外匡之益也。國以一人
> 興，以一人亡。（〈默觚下・治篇八〉，頁 55）

又曰：

> 《記》曰：「物恥足以振之，國恥足以興之。」故昔帝王，處蒙業久
> 安之世，當渙汗大號之日，必虩然以軍令飭天下之人心，皇然以軍
> 食延天下之人材；人材進則軍政修，人才肅則國威道。一喜四海春，
> 一怒四海秋，五官強，五兵昌，禁止令行，四夷來王，是之謂戰勝
> 于廟堂。（〈聖武記序〉，頁 167）

由其所論，顯見他認爲國家之昌盛，主要的關鍵是人材。

其次，魏源相當重視人心所積的勢——即人之意志，他說：

> 人所聚而勢生焉，財所在而人聚焉，名義所禁遏而治亂生焉。聖人
> 乘天下勢，猶蛟龍之乘雲霧，不崇朝雨天下莫知誰尸其權。……夫
> 惟使勢、利、名純出乎道德者，可以治天下矣。（〈默觚下・治篇三〉，
> 頁 44）

歷史的發展，受人心所積的勢的影響。人如何認識歷史發展的「勢」，又如何
影響歷史之「勢」的發展，須從歷史的記載中求得；而聖賢之產生、人心之
誘導，尤須在通古今之變中，做精微細密的探討。在此探索的過程中，史學
發揮了深遠的影響。此即魏源致力於歷史纂著之原因。

三世說近於歷史定論主義思想，或可說爲一種歷史哲學思想。前者以歷
史的發展有其必然的趨勢和規律，後者以哲學的觀點解釋歷史的發展，均與
史學的精神甚相違背。但公羊家在運用三世說時，常常因需要而作靈活的變
動，魏源亦然；又從歷史事件的發展過程中，強調聖人、眾人影響歷史一點
言，魏源非歷史定論主義思想，不言可喻。

又近人研究魏源史學，常以三世循環說、老子變易思想等爲其歷史哲學。
〔註42〕則歷史發展的必然性已先在，一切的學說、思想只在證成此一觀念，
而人唯一所應致力的是認識此發展規律並安時處順。然而在魏源一生汲汲於
史書之編纂，企圖在明古今之變的過程中，達到取鑒、資治、……等經世功
能；尤其對於人才之培育和任用問題，再三致意，這些都是積極發揮人文化

〔註42〕如吳澤、許冠三、陳耀南等均持此論。

成的力量。因此，公羊三世說只是魏源所採取活用經典的方法，其眞正用意在借此發揮其史學經世的實用目的。肯定史學的經世功能，即是肯定人文力量影響歷史發展，故魏源之史觀是一種人文史觀。

魏源之史論及史學著作均從經世的觀點及目的而發，例如：

> 荊楚之南有積感之民焉。距生於乾隆征楚苗之前一歲。中更嘉慶征教匪、征海寇之歲。迄十八載畿輔靖賊之歲始貢京師。又迄道光征回疆之歲始筮仕京師。京師掌故海也，得借史館祕閣官書及士大夫私家著述、故老傳說。於是我生以後數大事，及我生以前上迄國初數十大事，磊落乎耳目，旁薄乎胸臆，因以溯迴于民力物力之盛衰，人才風俗進退消息之本末。（〈聖武記序〉，頁 166）

由於強烈的憂患意識，使他探究歷史盛衰之原因。爲國家籌求治安之策、爲民族謀求禦侮之途。治安之策的籌劃，須熟諳朝章國典及各種政治制度，於此魏源有《皇朝經世文編》的纂輯（詳第四章第二節）。主要的經世史論，見於所撰各史之序。

如認爲禦侮之道，須振起士氣民心，故撰《聖武記》，欲借清初武功的宣揚，有利於激勵民心士氣，抵禦外侮。探究富國強兵之法，總結鴉片戰爭的經驗，曰：「盡收外國之羽翼爲中國之羽翼，盡轉外國之長技爲中國之長技，富國強兵，不在一舉乎？」所謂「時乎時乎！惟太上能先時，惟智者能不失時；又其次者，過時而悔，悔而能改，亦可補過于來時。」（〈道光洋艘征撫記下〉，頁 206）。又鴉片戰爭失敗後，憤於清廷對外國形勢之無知，乃極力蒐求外國之資料，而作《海國圖志》，曰：「是書何以作？曰爲以夷攻夷而作，爲以夷款夷而作，爲師夷長技以制夷而作。」（〈海國圖志敘〉，頁 207）另外，元與清都是以外族而入主中原，元末敗亡之速，魏源以此爲清之戒，重修《元史新編》。

凡此種種，均可看出他解決現實政治問題的撰史動機。

二、魏源史學著述之經世實踐

魏源以豐富的史學著作實踐其經世精神，舉凡時代所需，能夠激勵民心士氣、保疆衛土、與一切有關國計民生的問題，無不殫精竭慮的加以探討，他所注意的材料從史館祕閣官書及士大夫私家著述、故老之說，甚至域外資料，無不加以遠紹旁蒐、鉤輯斠綜。所纂史書包括：《聖武記》、《道光洋艘征

撫記》、《海國圖志》、《元史新編》等。〔註43〕

　　有關魏源史學著述，前人研究成果頗豐，如：如李思純對其元史學之研究，劉寅生對其明史學之研究，陳其泰對其《聖武記》之研究，姚薇元對其《道光洋艘征撫記》之考訂；吳澤、黃麗鏞對其《海國圖志》及該書對日本影響之研究，李漢武對其軍事史及軍事思想之研究等；吳澤、許冠三、王家儉等均有關於史觀或歷史哲學之討論；陳耀南《魏源研究》則為經學、史學、實務等之全方位研究，包羅廣，資料多；方淑妃《魏源史學研究》一文，對於魏源所撰各史書之撰著動機、編撰、刊刻過程、價值、得失等問題有精簡的介紹。〔註44〕茲據前人所論，簡述魏源之史學成就：

　　《聖武記》旨在窮究盛衰的理由，講求撥亂反正、復興自強之道，借表揚往烈，以激勵當世。前十卷敘事，由開創（一）藩鎮、（二）外藩（三至六）土司苗倭回民、（七）海寇民變兵變、（八）教亂、（九）卷十的《道光洋艘征撫記》是鴉片戰爭的重要史料；後四卷〈武事記餘〉包括兵制、兵餉的論述，掌故考證、事功雜述等。編纂甚有條理，梁啓超稱其：「局部的記事本末之部，最著者有魏默深源之《聖武記》、王壬秋闓運之《湘軍志》等。默深觀察力頗敏銳，組織力頗精能，其書記載雖間有失實處，固不失為一傑作。」〔註45〕《聖武記》史學上的價值有四：其一為打破清史研究的禁忌。其二為對清朝官史的批評和修正。其三為對邊疆地學研究的總結。其四為保存了許多史料。

　　《道光洋艘征撫記》：目的在總結鴉片戰爭之經驗，探求富國強兵之法，魏源認為鴉片戰爭失敗在於：「其戰也，不戰於可戰之日，而偏戰于不可戰之日；其款也，不款於可款之時，而專款於不可款之時；其守也，不守於可守之地，而皆于不可守不必守之地。」（〈道光洋艘征撫記下〉，頁 206）魏源認

〔註43〕各書編撰過程及史觀，可參閱袁英光著：《中國近代史學史》，頁 81～99、148～165、117～133、234～266。

〔註44〕近人研究可參考李思純著：〈元史新編〉，《元史學》（臺北：商務印書館，1971），頁 64～65；劉寅生著：〈魏源與晚清時期的明史學〉，收入《上海師範大學學報》，1979 年，第 3 期；姚薇元著：〈再論《道光洋艦征撫記》的祖本和作者〉，收入《歷史研究》，1981 年，第 4 期；吳澤、黃麗鏞著：〈魏源《海國圖志》研究〉，收入《歷史研究》，1963 年，第 4 期；吳澤著：〈魏源的變易思想和歷史進化觀點〉，收入《歷史研究》1962 年，第 3 期；許冠三著：〈龔魏之歷史哲學與變法思想〉，收入《中華文史論叢》，1980 年，頁 69～104；陳耀南著：《魏源研究》（自印本）；方淑妃著：《魏源史學研究》（高師大碩士論文，1995）。

〔註45〕見氏著：《中國近三百年學術史》，頁 303。

爲當時有「三外助」、「八轉機」；又進一步提出「師夷長技」之說。從《聖武記》之倡購洋槍洋炮，至此時進而提出自製爲主，購置爲輔的思想。在史學價值上，《征撫記》是第一部鴉片戰爭史，寫於戰爭期間，史料有相當的可信度，魏源親與其事，對戰爭的過程有全面的了解，故爲研究鴉片戰爭最重要的著作。

《海國圖志》：鴉片戰爭失敗，林則徐遣戍新疆，魏源迎晤於揚州，林則徐將所譯之《四州志》交付魏源，並囑撰《海國圖志》。此書搜集了當時所能得到的外國史地資料，按照地區，由近及遠，首南洋、印度、次非州、歐州、次南北美洲分國研究；內容則包括籌海、地圖、地志、宗教、曆法、世界地理、外情雜記、技藝仿制、科學知識等九個部份。在史學意義上它是中國第一部介紹世界史地的書，是中國人開眼看天下之始，樹立了國人新的世界史觀。

《元史新編》：可說是《海國圖志》的副產品。魏源編撰《海國圖志》，研究世界史地，而元代版圖遼闊，囊括歐亞，史書記載應可與外國資料互證，但因元史「蕪陋」，於是魏源芟其雜、補其備、正其誣、闢其幽、文其野、討論參酌，編修的目的，希望以元爲鑒，使清廷免重蹈覆轍，以挽救國勢的衰頹與滅亡。此書搜羅許多新史料，力求矯正《正史》之失，是清初以來改編《元史》較完整的佳本。〔註46〕其體例之特點爲列傳採用分期方法，以類相從、傳人與傳事相兼，梁啓超稱讚他「魏著訛舛武斷之處仍不少，蓋創始之難也，但舍事蹟內容而論著作體例，則吾於魏著不能不深服，彼一變舊史『一人一傳』之形式，而傳以類從。……故吾謂魏著無論內容罅漏多至何等，然固屬史家創作，在斯界永留不朽的價值矣。」〔註47〕此言說明在史學方法、史書體例上，魏源也有重要的建樹。

此外，魏源透過《聖武記》、《元史新編》等史事的記載，和興亡之道的探討，冀爲當朝提供取鑒之資；《征撫記》陳富國強兵之法，《海國圖志》「制馭外夷者，必先洞夷情」力求正確認識世界各國，二書的資治之意，溢於言表。《聖武記》借表往烈，以激勵當世，更含明顯的取鑒之意。又《海國圖志》中暗刺道光無知、政策搖擺不定。如道光二十年，林則徐奏英有開戰之意，

〔註46〕《元史》蕪陋，一因元代史料疏舛，一因明初修撰，態度草率，又不諳蒙古等因素，清初以來，學者如邵遠平、錢大昕、汪輝祖等已有改編、補編之作，但均有所偏。詳參：陳耀南著：《魏源研究》，頁178～179。
〔註47〕參見氏著：《中國近三百年學術史》，頁310～311。

論曰：「以逸待勞，以主待客，彼何能爲？」（〈道光洋艘征撫記上〉，頁 174）一戰失敗之後，則一意求和。對林則徐則稱其「西變以來，惟林公守粵，不調外省一兵一餉，而長城屹然。」（〈道光洋艘征撫記上〉，頁 186）對琦善則斥責其至廣東後，一反林則徐之所爲，「盡摒棄廣東文武，專用漢奸鮑鵬」，「凡有報緝漢奸者，則訶曰『汝即漢奸』；有探報洋情者，則拒曰：『我不似林總督，以天朝大吏，終日刺探外洋情事。』一切力 72 反前任所爲，謂可得外洋歡心。」（〈道光洋艘征撫記上〉，頁 178）這些則表現其褒貶之意。

　　如前文所論，資治、取鑑、褒貶，三者實爲一體，均爲經世的作用。魏源能以豐富的史學著作實踐其經世史觀，是一個傑出的史學家，其公羊哲學觀並未僵化爲歷史定論思想，也沒有影響其撰史的客觀性；反而因對「勢」的體認，使他深知人文化成的影響力，而積極著史。

第四章　常州學派之實務思想及其時代意義

第一節　常州學者所面對之時代問題

　　滿清崛起於建州，化部族爲國家，視臣僚如奴僕。在政治上對漢人採取高壓、懷柔，交替運用，威之以文字之獄，誘之以利祿之途，於是士人不敢以氣節相高，阿媚權勢的風氣形成之後，就固而難移了。

　　中國士人的傳統抱負，是以天下爲己任；得君行道，恆爲其畢生之職志。然在清代卻不得以此爲志，這不但扼殺知識份子對社會之責任感，也扼殺了其生氣。使他們成爲無思想、無抱負，惟利是圖之人。吏治頹弛之勢形成之後，嘉慶曾有整頓之意。曾說：

> 朕……孜孜圖治，不敢暇逸，奈諸臣全身保位者多，爲國除弊者少，苟且塞責者多，直言陳事者少，甚至問一事，則推諉於屬員，自言堂官不如司官，司官不如書吏，……自大學士、尚書、侍郎以及百司、庶尹，唯諾成風，皆聽命於書吏。舉一例，牢不可破；出一言，惟令是從。……一部如此，推而至於五部堂司如此庸碌，書吏如此狡猾，上無道揆，下無法守，……國事尚可問乎！〔註1〕

嘉慶對於這種腐敗現象，已無力回天了。洪亮吉亦指出：

> 今天子求治心急矣，天下望治之心孔迫矣，而機局未轉者，推原其故，

〔註 1〕見清王先謙編：《十二朝東華錄・嘉慶朝》（臺北：大東書局，1968），頁 196。

蓋有數端。亮吉以爲勵精圖治,當一法祖宗初政之勤,而尚未盡法也。
用人行政,當一改權臣當國之時,而尚未盡改也。風俗則日趨卑下,
賞罰則仍不嚴明,言路則似通而未通,吏治則欲肅而未肅。

又說:

> 以模稜爲曉事,以軟弱爲良圖,以鑽營爲取進之階,以苟且爲服官
> 之計;由此道者,無不各得其所欲而去。衣缽相承,牢結而不可解……
> 至於利弊之不講,又非一日。……汲汲顧影,皆云多一事不如少一
> 事,在外督撫諸臣,其賢者斤斤自守,不肖者孜孜營私。國計民生,
> 非所計也,救目前而已;官方吏治,非所急也,保本任而已。慮久
> 遠者,以爲過憂;事興革者,以爲生事。〔註2〕

指出吏治不肅是當時政治的核心問題,因此引起普遍的關懷,故蔣攸銛也曾
提出「變出意外,此皆由於吏治不修所致。」〔註3〕張惠言亦有「宜大申罰以
肅內外之政」〔註4〕之類整治吏治的建言。但面對滿族人犯罪時,嘉慶總是勸
戒多而懲治少,如在處理和珅一案,同案中原擬論斬的福康安,不久即行赦
免;私黨如吳省蘭、吳省欽等亦復「辨冤」起用。〔註5〕

與吏治問題互爲表裡的是滿漢問題。在宗法時代,國家命官採親貴合一
的原則,只有貴族才有資格任官職。春秋戰國之際,固有的禮崩樂壞,西周
以來世卿制度隨之解體,〔註6〕政府用人逐漸建立客觀的考試辦法。滿清爲了
確保滿州貴族控制政府組織的重要部門,創造了官缺制度,有滿官缺、蒙古
官缺、漢軍官缺,根據固定的官缺補授官職。天命五年(公元 1620 年)三月,
努爾哈赤創設滿州世職制度,世職共分列備御、游擊、參將、副將、總兵官
五等,其中總副參游又各分三品。自此以後,遂以「世職」作爲等級的標幟。
入關後世職名稱雖有變化,但就定制而言則未改變。〔註7〕故在制度上雖無封
建之名,卻有相當於封建之世襲制度。

滿清朝官制在形式上標榜滿漢一體,中央六部長官設滿漢複職,但實權
握於滿官之手,漢官「相隨畫喏,不復可否」,清初各省督撫主要是滿人,直

〔註2〕見《清史稿・列傳143》,頁 11307~11309。
〔註3〕見《清史稿・列傳153》,頁 11446。
〔註4〕見《清史稿・列傳269》,頁 13242。
〔註5〕參見《清代帝王后妃傳》上,(北京:新華書局,1989)頁 344。
〔註6〕參見張晉藩著:《中國官制史》(北京:中國人民大學,1992),頁 3。
〔註7〕參見:《中國官制史》,頁 613。

到咸豐以後，地方大員才以漢官居多。〔註8〕且滿清對漢官的防範甚嚴謹，康熙告戒子孫曰：

> 漢人人心不齊，如滿州蒙古數千萬人皆一心，朕臨御多年，每以漢人
> 爲難治，以其不能一心之故，國家承平日久，務須安不忘危。〔註9〕

由此足見漢人在政治上得不到平等發展的機會。但是，滿清政治潛伏的問題，經過清初百餘年之後，弊病已逐漸暴露出來。乾隆晚年，奢靡無度，弄得民窮國困；人民困窮，導致內亂紛起；適逢西方國家積極扣關，天朝自大的心態，喪失許多與外國平等交通的機會，腐敗的軍政，又予人可乘之機。

　　面對此「非常之巨變」，常州學者輒以所習的公羊微言，加以靈活的運用。對於滿漢不平等的用人制度及「資格用人」的限制，五位學者均頗重「任賢」問題的發揮。人才，一則是解決政治問題的關鍵，同時也是經世學者用以自荐的條件，故爲常州學派共同關注的焦點。對於其他的實務問題，則因時代推移，政治社會問題已有所不同，及學者才性的差異，故各學者所論各有其所重之特殊點。

第二節　常州學者論政之特點及其時代意義

　　莊存與、劉逢祿、宋翔鳳等人，提倡今文經學，企圖從今文經學的微言大義中尋找解決社會危機的方案，其學術思想雖未脫出援古論今的方式，但已企圖面對時代問題，研求解決方案。

一、莊存與論「內外」關係與譏刺世卿之思想

　　莊存與對於滿漢「內外」關係的態度，曾說：

> 王者天之繼也，……天者人之性也，……欲其子孫之仁且孝，必以
> 中國之法爲其家法。（《經解・春秋正辭》，卷382，頁6～7）

莊存與承認滿清繼承天命，面對異族的統治，莊存與對於滿漢「內外」關係的態度，是以文化爲區分標準，不再強調血緣上的滿漢之別；但同時更著重強調滿清「必以中國之法爲其家法」，才能教育其子孫，達到仁且孝的修養而長保天下。又說：

〔註8〕參見：《中國官制史》，頁14～15。
〔註9〕見：《十二朝東華錄・康熙朝》，頁710。

中國而夷狄則夷狄之。(《經解・春秋正辭》，卷 384，頁 12)

此謂相對而言，中國如不能在文化上保持其道德精神，就與沒有文化的夷狄無異，就應以夷狄視之。此為存與再次強調區分「內外」的標準，在文化的修養而不在種族的差異。

對政治的腐敗，存與雖懷隱憂，但基本上是隱微的寄托在著作中，他說：「智不危身，義不訕上，……撥亂啟治，漸於升平；十二有象，太平以成。」(《經解・春秋正辭》，卷 375，頁 1)當時的政治問題，他所最大力發揮的，即在譏世卿的問題。滿清入關後，滿族的王公巨卿得世襲其爵位，壟斷了上層政治。這一群貴族子弟，形同政治上的贅瘤懸癰，為害甚大。故存與說：「官人以世，實違天紀」(《經解・春秋正辭》，卷 375，頁 7)，滿清的世職制度，與秦漢以來考選取才的制度大不相同，故曰「違天紀」。

為君之義當任賢，非賢不可以為卿，世襲之卿未必賢，故曰：

> 公羊子曰：譏世卿。世卿非禮也，其聖人之志乎？制《春秋》以俟後聖，後世之變害家凶國，不皆以世卿故？聖人明於憂患與故，豈不知之，則何以必譏世卿？告為民上者，知天人之本，篤君臣之義也。告哀公曰義者宜也，尊賢為大。述湯武之書曰帝臣不蔽，簡在帝心，雖有周親，不如仁人。是故非賢不可以為卿，君不尊賢，則失其所以為君。彼世卿者，失賢之路，蔽賢之蠹也。(《經解・春秋正辭》，卷 376，頁 11)

中國自秦漢廢除封建制度以來，即建立選賢舉能、九品中正、科舉考試等各種取士的制度，目的在選取社會的菁英，成為政治結構中的中堅份子。雖然皇位世襲，但由於賢能人才的輔佐，政治仍能有善政。莊存與曾辦過學政，並曾嚴辦滿蒙考試傳遞的弊案，對滿漢入仕途徑的實質差別知之最深。他淡化種族上的滿漢之異，而致力於建立客觀的用人制度，奏查直隸冒籍鼎替案、嚴防滿蒙童生舞弊案，均是他對用人制度客觀化，公平化所作的努力，因為唯有這樣，才能羅致賢者，政治才能改善。故又曰：

> 公羊子曰：譏父老子代從政也，賢者之路絕矣。(《經解・春秋正辭》，卷 376，頁 8)

> 天下無生而貴者，皆其父母之子也。(《經解・春秋正辭》卷 376，頁 11)

> 世卿之害家凶國，為王法所必禁矣。(《經解・春秋正辭》卷 379，

頁5）

所論均謂世卿之有害於政治，因爲政治需靠人材，而世卿卻生而貴，一方面自己占據其位，已減少賢者仕進機會；另一方面如因戀棧而不肯取用賢於己者，則國家的損失將更大。莊存與對此，深懷憂慮，曾藉《春秋正辭》論之：

（《春秋經・文公十年》）春王三月辛卯，臧孫辰卒。

（正辭曰）辛何以日？辰，魯之崇也，得無貶乎？義不得無貶而辭無貶也。……自知弗若季（柳下惠），則護其故以蔽之，俾不通然後已。以王者之法正之，蒙顯戮者辰其首也。辭烏得無貶乎？曰：義在指矣。……以臧孫辰之爲良大夫，當世謂之不朽，而閔、僖、文之《春秋》削之，無一事可錄者，則知蔽賢之罪大，而小善不足以自贖也。甚絕之也，義在指矣。（《經解・春秋正辭》，卷379，頁6～7）

《春秋》寫上辛卯這個日期，存與認爲是因臧孫辰蔽賢，《春秋》貶之。他是個良大夫應有足以入史之事，而《春秋》削之，因爲蔽賢之罪大，莊存與藉此譏刺世卿的蔽家凶國，目的即在彰顯任賢之重要。

二、劉逢祿所主張之經術實務論

對於滿漢問題，逢祿曾說：

余覽《春秋》進黜之吳楚末，未嘗不嘆聖人馭外之意至深且密也。……慨然深思其故，曰：中國亦新夷狄也。……故觀於《詩》、《書》，知代周者秦，而周法之壞，雖聖人不可復也。觀於《春秋》，知天之以吳楚狃主中國，而進黜之義，雖百世不可易也。張三國以治百世，聖人憂患之心，亦有樂乎此也。（《經解・春秋公羊經何氏釋例》，卷1286，頁8）

以文化的融合及政治上的配合爲著眼，有利於整體的發展。因此逢祿著重在當時實際政治基礎上，謀求政治的融合及發展，承認衰亂的中國一如新夷狄，只要清室能得《春秋》之義，就可以如吳楚之「狃主中國」。

逢祿以文化的標準，合理化清室的統治地位，但也提出《春秋》所論的爲政之道，曰：「形勢雖強，要以仁義爲本」（《經解・春秋公羊經何氏釋例》，卷1286，頁7）。符合仁義的標準，才是政治長治久安之道。

當時政治上的大問題是滿漢地位的懸殊，滿人不但任官享有特權，犯罪亦常有寬貸。康熙以來，宗內務府設愼刑司，即負責處理府屬三旗刑案，及

處分本府官員等事。加上和珅案，嘉慶對滿人甚為寬縱；對漢人標準又完全不同，洪亮吉完全切合時弊之言，嘉慶自己說實無違礙之句，仍有愛君之誠。可是洪亮吉卻由此疏而幾遭「大辟」，後雖免去死罪，仍遣戍伊犁（參見本傳）。滿人有罪而赦免，漢人愛君而受罰，滿漢政治地位的不平等，於此可知。

面對當時的困局，逢祿發揮公羊「大一統」的思想，議行從上到下的改革，他說：

> 《春秋》欲攘蠻荊，先正諸夏；欲正諸夏，先正京師；欲正士庶，先正大夫；欲正大夫，先正諸侯；欲正諸侯，先正天子。京師、天子之不可正，則託王與魯以正之；諸侯大夫之不可正，則託義于其賢者以悉正之。（《經解・春秋公羊經何氏釋例》，卷1283，頁22）

他希望從天子做起，整頓吏治、提振朝綱，並打破滿漢的界線。

另一方面，世襲之人未必賢，實際政務應任賢（任賢之論詳見第二章第二節）。論賢者對社會的重要性，劉逢祿於《春秋公羊經何氏釋例》中，曾利用九旨，對春秋賢大夫故事加以褒揚，如曰：

> 將欲興滅繼絕，又莫先辨賢，義動天地，忠貫日月，誠沮金石，貪生惡死之世，未之或尚也。為表三人焉，曰孔父、仇牧、荀息。苞桑社稷柱石，國家權輕重之義，別尊親之倫，容悅事君之朝，莫之或究也，為表三人焉，曰祭仲、紀季、季友。修明仁義，敝屣千乘，忘身以紓難，顯功以捄過，頑儒鄙薄之俗，賴以不亡也，為表五人焉，……《春秋》所貴乎持世？乃在此不在彼，為上可以知取人，為下可以知勉學矣。（《經解・春秋公羊經何氏釋例》，卷1282，頁20）

說明他所看重的春秋持世的標準，是在上者需知如何取用人才，在下者知勉學成為可用之才。

另外，劉逢祿以經學運用於實務，見於史傳及《劉禮部集》者，有以下數事：道光四年補儀制司主事。嘉慶帝崩，居署治大喪檔案，成《庚辰大禮記注長編》。又逢祿在禮部十二年，恆以經義決疑，「凡同列有疑不能決者，為引經義別白之。已而公卿亦多就問所疑；無不據經決事，有董相風。」〔註10〕此外，論尚書湯斌從祀文廟之議，及引后夔、呂望之事；引《周官》復越南貢使請改外夷為外藩事等。此即所謂通經而能致用者。雖然逢祿極力從事經義的組織和企圖運用於實際政治，但在政治上影響層面並不大。

〔註10〕見李兆洛著：〈禮部劉君傳〉，收入《清代碑傳全集》，頁1180。

三、宋翔鳳用世之情與其實務之論

翔鳳一生蹭蹬，會試六次不第；分別爲乙丑1805，戊辰1808、辛未1811、甲戌1814、丁丑1817、己卯1819，庚辰1820、丙戌1826因迴避而未應試。其汲汲於科考，鍾師〈宋翔鳳之生平與師友〉一文曾謂：「翔鳳並不是甘於淡泊的人。」〔註11〕然其《香草詞》自序曰：

> 數年以來，困於小官，事多不偶，既不能骩骳以合流俗，又不能枯槁以就山林。不平之鳴，記之笑傲，一往之致，消以沈泖。略曲謹而思棄，視齟齬而誰與？於是行事之閒，動遭謇難，議論所及，要從讒譏，故人舊游，或相告絕。〔註12〕

「不能骩骳以合流俗」說明他不能降低對自己品格的要求；「不能枯槁以就山林」即說明其用世之情甚爲熱切。由此可知，翔鳳之不甘於淡泊，非只爲個人名利之追求。

翔鳳似未有專文論滿漢、「內外」的問題，但曾曰：

> 君子求仁義之別以紀人我之閒，然後辨乎內外之分，而著於逆順之處也，是故內治反理以正身，據禮以勸福，外治推恩以廣施，寬制以容眾。按：董子言春秋之法治衰亂而立太平，故分仁義爲外治內治。（《續經解·論語說義》，卷390頁，頁30）

翔鳳以仁義紀人我之間，而以仁安人，以義正我；又以仁義之法，「治起衰亂」，行外治、內治，終而達到「立太平」的理想。從其「內治反理以正身」，「外治推恩以廣施，寬制以容眾。」可以推測翔鳳並無滿漢意識的問題，而只求爲政者施行仁義。

對於實際政務，翔鳳曾有卿大夫應爲國舉材，不當世襲，及士當識廉恥、端士習，以達正人心之論。（詳見第二章第三節）又曾論及鹽稅、學校、風俗等問題。其中論唐宋之鹽法、鹽利，云：「天下之賦，鹽利居半」，（見《過庭錄·劉晏鹽利》，卷12，頁208）雖未言及清代的鹽法問題，但翔鳳對此應該相當關切的。

此外，《說義》中一再強調的是孔子受命當素王之義，素王之義即在「設教」、「興學」。曰：

> 聖人已知貫乎古今，通乎遐邇，不可易者，其學校乎？故學校興，

〔註11〕見鍾彩鈞著：〈宋翔鳳的生平與師友〉，頁211。
〔註12〕引自鍾彩鈞著：〈宋翔鳳的生平與師友〉，頁211。

> 雖不井田、不封建，而一世治；學校廢，雖行封建、行井田，而世
> 愈亂，上無學，則下無禮也，化民成俗必由學，三王四代惟其師，
> 好禮好義好信，皆學之所從出也。自漢以來議法制者，莫能行井田、
> 封建，而學校之事，苟飭綱紀，必由此始，而後知聖人之論，世世
> 通行者也。（《續經解‧論語說義》，卷395，頁3）

以「學校」是教育人材，化民成俗的所在，學校的重要性，超過任何制度，
故又云：

> 君子如欲化民成俗，其必由學，言學而不可究之於治國，其學為無
> 本。（《續經解‧論語說義》，卷389，頁3）

治國的人材，也要由學校培養；而學的根本目的，在於國計民生。

由上所論，可知翔鳳確有用世之志，但所論仍多就典籍發揮，而少返回
現實的實務。如對學校影響政治、社會的層面，雖有深刻的認識，而對當時
的教育制度，卻沒有具體的改革措施。

四、龔定盦之實務思想

對於時代的問題，定盦憂心忡忡，說自己「榜其居曰居思之門，顏其寢
曰寡歡之門，銘其凭曰：多憤之木。」（〈與江居士箋〉，頁207）故定盦「思
想中心是社會批判論」。〔註13〕魏源說他：「以朝章、國故、世情、民隱為質
幹。」（〈定盦文錄序〉，頁239）對當時的政治社會的種種問題，定盦注意的
層面甚廣，曾建議改善君臣關係，振刷吏治，提高俸祿，杜絕貪污；取消八
股文，改為策論；興修水利，減輕賦稅，限制土豪占田等。

定盦於滿漢關係，並無「此疆爾界」的畛域，他曾說：

> 問太平大一統何謂也？答宋明山林偏僻士，多言夷夏之防，比附春
> 秋不知《春秋》者也。《春秋》至所見世，吳楚進矣。伐我不言鄙，
> 我無外矣。《詩》曰：無此疆爾界，陳常于時夏，聖無外，天亦無外
> 者也。然則何以三科之文，內外有異？答據亂則然，升平則然，太
> 平則不然。（〈五經大義終始答問七〉，頁82～83）

定盦與魏源同被視為開啟近代學術之先趨人物，〔註14〕近人對定盦經世

<hr>

〔註13〕 詳見侯外廬著：《中國學術思想通史》，頁650。

〔註14〕 一般劃分清代史，以鴉片戰爭（1840）為界，鴉片戰爭前屬古代史，鴉片戰
爭後為近代史。故王茂等《清代哲學》以定盦為古代思想家，魏源為近代思
想家（安徽：人民出版社，1992，頁804），但此為歷史分期的問題，學術發

實務之研究甚多，〔註15〕茲綜合前人研究成果，並檢覈其全集，析論如下：

1. 更法改制說

　　對於改善當時政治制度和風氣，定盦之議，有從上到下及從下到上的改革。就由上到下方面，定盦揭出政治問題的根源，在於皇帝的「乾綱獨斷」，對待大臣如同「犬馬」、「徒隸」、「廝役」，對臣下「約束之」，「羈縻之」，「以苛細繩其身」，使「一束之于不可破之例」，臣下只能「冥心息慮」，造成士大夫階層墮落頹靡。他的〈明良論〉、〈古史鈎沉論〉、〈京師樂籍說〉等文章，從不同的角度批判當時制度摧抑士人，呼籲「更法」、「改圖」。他說：

> 無八百年不夷之天下，天下有萬億年不夷之道。然而十年而夷，五十年而夷，則以拘一祖之法，憚千夫之議，聽其自隳，以俟踵興者之改圖爾。一祖之法無不敝，千夫之議無不靡，與其贈來者以勍改革，孰若自改革？抑思我祖所以興，豈非革前代之敗耶？前代所以興，又非革前之敗耶？（〈乙丙之際著議七〉，頁68）

定盦對由中央實施改革之期待，除君權不宜過專之外，甚重人才之舉用。其言曰：

> 古者明天子之在位也，必徧知天下良士之數；既知其數，又知其名；既知其名，又知其所在。蓋士之任師儒者，令聞之樞也；令聞，饗帝之具也。其在《記》曰：三代之王也，必先其令聞。夫名士去國而王名微；王名微而王道薄。……良士，國之金玉異物也。（〈五經大義終始論〉，頁78）

人才是轉移社會風氣及一切事勢的關鍵，人才不應以「資格」限之，故定盦批評「資格用人」之政策，說：

> 其資淺者曰我積俸以俟時，安靜以守格，雖有遲疾，苟過中壽，亦冀終得尚書、侍郎。奈何資格未至，曉曉然以自喪其官爲？其資深

展往往不能與歷史階段相吻合；且龔魏同倡經世之學，對晚清思想有很大的影響，故一般談論近代學術者，均從定盦談起。

〔註15〕例如葛榮晉等《中國實學思想史》（北京：首都師範大學出版社，1994）、馮契等《中國近代哲學史》（上海：人民出版社，1989）、吳澤等《中國近代史學史》（江蘇：上海古籍出版社，1989）、桑咸之等《中國近代政治思想史》（北京：中國人民大學出版社，1987）、張壽安《龔定盦學術思想研究》（臺大碩士論文，1977）、孫廣德〈龔自珍的經世思想〉，《近世中國經世思想研討會論文集》（臺北：中研院文哲所，1984），頁270～289等。

者曰我既積俸以俟之，安靜以守之，久久而馴致乎是，奈何忘其積
累之苦，而嘵嘵然以自負其歲月爲？」（〈明良論三〉，頁 136）
資格限人的結果是資格淺者，安靜以守之；資格深者，也安靜以守之。因此
之故，「建大猷，白大事，則宜乎更絕無人也。」（〈明良論三〉，頁 136）政治
的腐化廢弛，乃成爲自然之事。

故定盦進一步提出培養人才，要尊重個性，晚年所寫的〈病梅館記〉，以
梅爲喻，說「文人畫士孤僻之癮」，對梅「斫其正，養其旁條，刪其密，夭其
稚枝，鋤其直，遏其生氣」，結果是「夭梅」、「病梅」，使梅無一「完者」。要
消除對梅生長的人爲的束縛，順應梅本性，保護梅的自然生長，恢復其本來
面目，使之成爲有「生氣」的「完者」，以此爲喻，說明培養人才應順應人的
個性，使人才健康成長。他曾對自己的這一主張作了說明：

士大夫以暇日養子弟之性情，既養之于家，國人又養之于國，天胎地
息，以深以安，于是各因性情之近，而人才成。（〈與人箋〉，頁 212）
使人「各近性情之近」，順其自然，健康發展，才是培養人才正當的手段。

對於取士用人之法，定盦主張以射策方式，可看出應試者之見識與才略，
且所射之策應重本朝事，他說：

宜變功令，變之如何？漢世諷書皆善矣。諷書射策是亦敷，奏以言
也。漢世九千言足矣，進而與之射策。射策兼策本朝事，十事中十
者甲科，中七者乙科，中三四者丙科，不及三擯之。其言不得呶嚘
不定，唱嘆蔓衍，以避正的，宜酌每條毋逾若干言以爲式。（〈述思
古子議〉，頁 123）

但是，從君權及制度上的改革，往往非一文士之議所能改變的；「頹波難
挽挽頹心」，故從另一方面，定盦欲從士習的改造和士林人格的重塑，建立社
會的新風氣。他在文章中，對理想的士的人格與才能也提出標準。如說：有
「能憂心，能憤心，能作爲心，能有廉恥心。」（〈乙丙之際著議第九〉，頁 69）；
能守道不阿，「不自卑所聞，不自易所守，不自反所學。」（〈古史鉤沉論四〉，
頁 106）；「於天下可以常，可以變之全局大勢，爛熟於胸中。」（〈鴻雪因緣圖
記〉，頁 59）等。

定盦把歷史發展的動力，歸根於人的心力，說「天地，人所造，眾人自
造，非聖人所造。」（〈壬癸之際胎觀第一〉，頁 107）他又將世風之變，歸根
於人心，曰：「人心者，世俗之本也，世俗者，王運之本也。人心亡，則世俗

壞；世俗壞，則王運中易。」(〈平均篇〉，頁 62) 人的主觀意志，即所謂心力，決定人處理事務的能力：「心無力者，謂之庸人。報大仇，醫大病，解大難，謀大事，學大道，皆以心之力。」(〈壬癸之際胎觀第四〉，頁 110) 知識份子應自我期許，高尚其情志，才能擔當起種種大任。

2. 經濟主張

衣食足然後知榮辱，定盦曾對清代官吏待遇之菲薄，三致喟嘆，認為貧窮之累，使其不復有所作為 (參見〈明良論〉，頁 131~138)；且據亂世的政治問題，以食貨為首要，而「人主之憂，食重於貨」(〈乙丙之際塾議第十六〉，頁 118)，故「食」是當時最重要的問題。「食」問題的解決有賴於求富，要重視農業的發展以求富，〈農宗〉即強調農業發展的重要性。

定盦又強調，土地所以出穀，出穀所以養人；能力愈大者，經營的土地愈大，出穀愈多，養人愈多，則其地位愈高，為愈大之領袖 (詳見〈農宗〉，頁 70~74)。

經濟興衰與土地的分配，有直接的關係。定盦認為一個朝代興起時，土地分配比較均勻，貧富大致相齊。到了後來，土地兼并，貧富懸殊，「其始不過貧富不相齊之為之爾，小不相齊，漸至大不相齊；大不相齊，即至喪天下。」(〈平均篇〉，頁 63) 大官僚大土豪兼并土地，農民極度貧困，就要發生兵禍、瘟疫，甚至人口大量死亡，直至國家衰敗以至消亡。因此，他要求平均土地，貧富相距不要太大。〈農宗〉一文，參照西周的宗法社會制度，把家族中的人分為大宗，小宗，群宗，閒民四個等級，按宗授田。

此外，定盦主張徙民於邊以求富 (詳見本節 3.論邊政)。〈地丁正名〉一面稱頌仁宗簡賦的仁政，一面發揮其簡賦的主張。

綜上定盦所謂齊貧富、重農、簡賦等，作為天子養民的政策，可知定盦的經濟思想以重農為手段，以求富為目的。

3. 論邊政

由於邊疆史地對認識中國邊疆民族的地理和正史有很重要的意義，故這門學科本身就是經世致用之學。

西北史地研究在嘉道間蔚為顯學，根本原因是邊疆危機的刺激。由於中央政權衰微之際，邊疆民族往往對中央政權形成威脅，發生嚴重的邊患。加之勢力已伸入中亞細亞的沙俄和英國對中國西北地區虎視眈眈，造成日趨嚴重的邊疆危機，故道咸以後，下逮同光，經世學者多注目于多事的邊疆輿地。

定盦於西北史地的著述，梁任公曾有簡要的介紹：

> 定盦著有〈蒙古圖志〉，爲圖二十有八，爲表十有八，爲志十有二，
> 凡三十八篇。其〈像教志〉、〈水地志〉、〈臺卡志〉、〈字類表〉、〈聲
> 類表〉、〈氏族表〉，及〈在京氏族表〉、〈冊降表〉、〈寄爵表〉、〈烏梁
> 海志〉、〈青海志〉等，皆有序文見本集中，蓋深通史裁之作品也。
> 定盦復有〈北路安插議〉、〈西域置行省議〉等篇，言新疆事，頗中
> 竅要。〔註16〕

〈西域置行省議〉是定盦研究西北史地的代表作。首先追溯清代版圖形成的經過，界定西域的概念，並特別稱讚乾隆「承祖宗之兵力，兼用東南北之眾，開拓西邊」的歷史功績。鑒於清以來西域未設行省，定盦主張加強對邊疆的管理，在天山南北兩路，仿各省之例，設總督、巡撫、布政使、按察使等官員，其下又置知府、知州、知縣。定盦還用他的輿地知識，對西域府州縣的畫分提出了具體的意見，主張遷徙內地百姓到到西北墾荒戍邊。他認爲內地「生齒日益繁，氣象日益隘」，「應請大募京師游食之民非土著之民，及直隸、山東、河南之民，陝西、甘肅之民，令西徙。」江浙之民「筋力柔弱，……毋庸議」，「四川地廣人希，不宜再徙。」江西、福建種鴉片者多，應大量西徙。「各省駐防旗人，生齒日繁，南漕不給，理應西徙。」此議他自信「五十年中言定讞」，果然，六十年餘後，新疆設爲行省（詳見〈西域置行省議〉，頁164～172）。

定盦西北邊疆問題的論著，還有：道光元年（1821）備論天山南路事宜，對吐魯番地理位置的重要性分析的極爲徹底（詳見〈上鎮守吐魯番領隊大臣寶公書〉，頁 175～178）；探討西北立省後，如何安排土爾扈特人的問題（詳見〈北路安插議〉，頁187）；論西北塞外諸部世系源流，山川形勢，並就西北諸部的經緯度數訂正《清一統志》之疏漏（詳見〈上國史館總裁提調總纂書〉，頁 178～186）；批評以往安邊之略，「不過羈縻之，控制之。」其結果還是難保邊疆安定，而且邊防軍全賴內地供養，經濟上不划算，軍事上也存在很大的危機，定盦認爲邊防長治久安之策是「以邊安邊」，即在天山南路開墾農田，在天山北路訓練精兵，達到「足食足兵」的效果。「常則不仰餉於內地十七省，變則不仰兵於東三省」從而操穩勝之算（〈御試安邊綏遠疏〉，頁187～188）。

由於海防的需要，定盦對東南沿海的形勢、山川、風土等都十分重視。論廣東、廣西二省文化地理之特徵曰：「粵之東，維帝南服，而天下之雄也。

〔註16〕 見氏著：《中國近三百年學術史》，頁353。

其山怪，其土阻，其水大鏊，其物產英詭，其人沈雄多大略。」又說東南沿海之大政有三：「曰榷鹽、曰舟師、曰互市，三者恆有聯，事相倚也。」因許君「家受鹽，董全粵鹽」，故定盦未論鹽政，而提出舟師、互市之意見。於舟師定盦主張：「治海之道有二：曰得卒，曰得船。鄉勇之老於海者，視官兵，其生熟相萬也；私船之法式，視戰船之造於官者，其狙鈍相萬也。」於互市主張，「獨來洋米」，允許洋米之進口，以籌食；於銀幣則要防其外流。（詳見〈書番禺許君〉，頁 277）

　　此外，定盦分析英國侵略者性情狡獪，曰「近惟英夷，實乃巨詐，拒之則叩關，狎之則蠹國」（〈阮尚書年譜第一序〉，頁 33），積極備戰，抵禦英國侵略。及對鴉片的危害深惡痛絕，堅決主張禁絕鴉片等，均可見其關切世務之情及因應之道。

　　由上所論，可知定盦對社會制度有深刻之批判，但他的改革方案「藥方只販古時丹」，並不一定切合時用，西域置行省之議（1820 年），後如其言在新疆置行省，但以今日又改為自治區之情形觀之，則定盦之議未必的當；又如林則徐禁煙即婉拒他從行之議，也因他多書生誇大之談。但定盦憂國憂民的豪情，確曾喚起讀書人正視時代問題的意識，達到了定盦以「開風氣」自我期許的目標。

五、魏源之實務思想

　　魏源面對內憂外患的情勢，力言中國內部問題遠較馭夷為重要。曰：

> 明臣有言：「欲平海上之倭患，先平人心之積患。」人心之積患如之何？非水，非火，非刀，非金。非沿海之奸民，非吸煙販煙之莠民……去偽，去飾，去畏難，去養癰，去營窟，則人心之寐患祛其一。以實事程實功，以實功程實事。艾三年而蓄之，網臨淵而結之。毋馮河，毋畫餅，則人才之虛患祛其二。寐患去而天日昌，虛患去而風雷行。」（〈海國圖志敘〉，頁 207）

他認為當時的根本問題，在人心之寐患與人才之虛患。振本救原之道在使「人心所以違寐而之覺，人才所以革虛而之實。」（〈海國圖志敘〉，頁 207）能振起人心，造就人才，才能達到經世的目的。分述如下：

1. 論人心之蔽

　　魏源認為心性的修養與經世有密切的關係。僅談心性為無用之學，然有用

之學必自心性修養始。「君子用世之學，自外入者其力弭，自內出者其力弘。力之小大，由于心之翕散，天地人之所同也。」(〈默觚上‧學篇十一〉，頁 27)

〈默觚〉論修養重視「無欲」與「有情」，他認爲當時士人私欲過重，救治之道，除弊先於興利，故主張去私欲而「反情復性」。另一方面，從外在之禮樂乃至於詩，皆有助於性情之陶養。「古之學詩者，歌詩三百，弦詩三百，舞詩三百，未有離禮樂以爲詩者。」(〈默觚上‧學篇四〉，頁 12) 又曰：「詩書禮樂皆外益之事，而性情心術賴焉，無外之非內也。」(〈默觚上‧學篇六〉，頁 17)

魏源於經史之外，博涉儒、釋、道之學，凡有益於世道人心者，無不力加研究，積極融鑄爲經世之論。欲求進德修業，當各就人性之所近來加以陶冶，曰：

> 夫聖人之道，大而能博，賢人學之，各得其性所近。故聖人之言必引而就卑；不如此則人不親，賢人之言或亢而自高，不如此則道不尊。且教法因人、因時，原無定適。(〈論語孟子類編序〉，頁 146)

又於精研老子之後，深感老子無爲無欲之說，對當時利欲橫流之世，大有裨益，1840 年左右，成《老子本義》一書，卷首〈論老子〉，謂「無爲之道，必自無欲始」而老氏「去甚去奢」之教，或能「返斯世於太古淳樸」。故稱譽老子是救世之書，曰：

> 老氏書賅古今，通上下。上焉者羲皇、關尹治之以明道，中焉者良、參、文、景治之濟世，下焉者明太祖誦民不畏死而心減，宋太祖聞佳兵不祥之戒而動色是也。儒者自益亦然，深見深，淺見淺，余不能有得於道而使氣焉，故貪其對治而三復也。(〈論老子二〉，頁 258)

傳統儒學對鬼神存而不論，敬而遠之，魏源認爲鬼神之說有益於人心，能陰輔世教。曰：

> 鬼神之說，其有益於人心，陰輔王教者甚大；王法顯誅所不及者，惟陰教足以懾之。宋儒矯枉過正，而不知與《六經》相違。(〈默觚上‧學篇一〉，頁 3)

由此可知，對魏源而言，只要能救世，能有益世道，不必拘泥於六經、儒學，三教九流，都是道術，魏源均積極研治並加以提倡。

2. 論人才

魏源對人才問題相當重視，曰：

> 今夫財用不足國非貧，人材不競之謂貧。令不行於海外國非羸，令
> 不行於境內之謂羸。故先王不患財用而惟亟人材；不憂不逞志於四
> 夷，而憂不逞志於四境。官無不材則國楨富，境無廢令則國柄強。
> 楨富柄強，則以之詰奸奸不處，以之治財財不蠹，以之蒐器器不窳，
> 以之練士士無虛伍。如是何患於四夷，何憂於禦侮？（〈聖武記敘〉，
> 頁166～167）

人才能富國、禦侮，只要有足夠的人才，則任何問題均可迎刃而解。魏源論人才除重德性之外，主張用人不能不注重專長，使所學能符所用。說：「以虞廷五臣皆聖人之材，而明刑，教稼，治水，典胄，終身不易其官。吾知孔子用世，必不使游、夏司繁劇而由、求典文章，必不使曾、冉專對使命而宰、贛師保坐論。」（〈默觚下‧治篇一〉，頁37）古人能因材器使，且能長期任用，故能發揮最高的職能。後世之養人、用人則不然，曰：

> 其造之試之也，專以無益之畫餅，無用之雕蟲，不識兵農禮樂工虞
> 士師為何事。及一旦用之也，則又一人而徧責以六官之職，或一歲
> 而徧歷四方民夷之風俗。舉孔門四科所不兼，唐虞九官所不攝者，
> 而望之科舉免冊之人。（〈默觚下‧治篇一〉，頁37）

後世選拔人才不注重實務的鍛鍊，又不能因材器使，更嚴重的是不依專長任官、職務經常調動，不能收到政治上的實效。欲救人才之虛患，首當重視選拔人才。故曰：

> 醫之活人，方也；殺人，亦方也。人君治天下，法也；害天下，亦
> 法也。不難于得方而難于得用方之醫，不難于立法而難于得行法之
> 人。青苗之法，韓琦、程伯子所部必不至厲民；……君子不輕為變
> 法之議，而惟去法外之弊，弊去而法仍復其初矣。不汲汲求立法，
> 而惟求用法之人，得其人自能立法矣。（〈默觚下‧治篇四〉，頁46）

其次則當積極培養人才。

魏源對培養經世人才的直接貢獻是編輯《皇朝經世文編》（以下簡稱《文編》）。〔註17〕這是魏源三十二歲（1825）時，賀長齡邀他輯的，從清代開國二百年來的大批歷史文獻裡吸取許多寶貴的智慧與經驗。

《文編》一書于道光六年（1826）成書，次年刊行，共120卷，收清初至道光三年（1823）間各家（702人）議論、條陳、章奏二千餘篇，分為學術、

―――――――――――――――――――――――

〔註17〕賀長齡編：《皇朝經世文編》（北京：中華書局，1992），此書實為魏源所輯。

治體、吏政、戶政、禮政、兵政、刑政、工政等；綱下再分若干子目，如治體門又分原治、政本、治法、用人、臣職等五目，全書共六十五目。從經世致用的宗旨，重文選的當代性、實用性。其書「經世以表全編」，「凡高之過深微，卑之溺糟粕者，皆所勿取」（〈皇朝經世文編五例〉，頁158）。凡學者有意經世之務，自可在此選輯中，達到自學的功效。

故《皇朝經世文編》一經問世，便對當時和後世產生巨大影響。盛康說：「《皇朝經世文編》百二十卷，鉅典宏規，於斯萃焉，言經濟者宗之。道光而後，世變寖尋，於今為烈，而藎臣志士之所經營而維持者，論議設施，尤資考證，曩歲歷官兩省，即有志蒐輯以續賀氏之書。」〔註18〕人同此心，《皇朝經世文編》之後，從晚清至民初，遵其宗旨，仿其體例的續編之書如雨後春筍，相繼湧現。〔註19〕經世學者對傳統經世之學的承襲與近代新學的開啟，也在這一潮流的嬗變中完成。

今人劉廣京謂《皇朝經世文編》的編纂，具有一種學術上的自覺——就是「視經世之學為一門學術，足與漢學、宋學分庭抗禮。」〔註20〕翁瑞廷先生亦指出《文編》承顧炎武「著書不如鈔書之精神」。〔註21〕故《文編》雖是纂輯他人之論述，實可某種程度的代表魏源的經世理論，使關心經世事務者，得有所借鑒而取法。

3. 經世實務之貢獻

魏源於經世實務，舉凡軍、政、邊防、漕、鹽、海運，他都提出過具體可行的主張。有清一代漕運、河工、鹽法是三大政治難題，於此魏源均有具體的改革方案；鴉片戰爭又使他認識到海防的重要，提出海防策，這些均對當時及後代產生積極的影響，茲就其水利、鹽政、海防主張，論述如下：

（1）水利（漕運、河工、海運）

魏源改良水利之議，成效卓著，一因他具有經世思想，自幼即留心於當

〔註18〕見盛康：《皇朝經世文編續編·敘》，見《近代中國史料叢刊》（臺北：文海出版社，1966）。

〔註19〕繼魏源體例而續編之書，據日本近代中國研究委員會所輯《皇朝經世文蝙總目錄》共收續編、補編十六種（臺北：文海出版社，1956）。葛榮晉等《中國實學思想史》，曾選取其中重要的十五種，作簡要的介紹，可參閱。

〔註20〕見氏著：〈皇朝經世文編關于「經世之學」的理論〉，《近代史研究所集刊》，15期，1986年。

〔註21〕見氏著：《魏源的政治思想》（臺北：臺灣商務印書館，1983），頁25。

世之務，對國計民生頗有一番抱負。二因他好遊歷，足跡幾遍於全國的名山大川。三因他嫻於地理，《海國圖志》介紹世界地理；《禹貢說》對於江漢的分合，彭蠡的位置，江水的分道入江等問題，他都曾花過很大的工夫加以考訂。四因他富於觀察實證的精神，凡遇有地理的疑難問題，他必翻閱史籍加以探索，博訪周諮向當地人士請教，同時更親身前往其地考察，以瞭解其眞相。〔註22〕

　　魏源輯《皇朝經世文編》同年，即有〈籌漕篇〉（1825～6）之作。

　　漕運問題，清承明制，每年將江南各地的白米一百六十萬石爲正供，輸運京師。其運道元代除漕運外，還有海運，明永樂間罷海運，而清沿明漕運之制，由淮入黃，由黃而衛，以至通州。〔註23〕然此法使用日久，弊寶叢生。清代漕運不僅屢決運隄，漕船受阻，而且每年修隄，疏濬、築隄等，使民疲於應付。更嚴重的是行政方面的積弊，運輸費用層層疊壓，胥吏中飽，海關剝削，運丁勒索……「上既出百餘萬漕項以治其公；下復出百餘萬幫費以治其私。」〔註24〕結果均歸中飽。〈籌漕篇〉（上、下）、〈復蔣中堂論南漕書〉、〈上江蘇巡撫陸公論海漕書〉提出以海運代漕運，指出「海運優於河運者有四：利國、利民、利官、利商」。〔註25〕〈復魏制府詢海運書〉，是倡行海運者意見的有力總結，另外，《聖武記》的〈軍儲篇四〉中，對海運代漕運後，運丁失養的問題作了全盤的檢討並提出解決的方案。

　　以河病而言，自靳輔以後，「河臣不治海口，而惟務洩漲。」（〈籌河篇上〉，頁366）結果，漲愈洩，溜愈緩，海口漸淤，河底漸高。一旦河水決隄，則又惟事增培，而不計後果，卒至河高而隄與之俱高。形成「下游固守，則潰於上；上游固守，則潰於下」（〈籌河篇上〉，頁367）的兩難之局。康熙時，河工之費，每歲不過三十萬。乾隆間，河工之費已增至二百萬。及至嘉道時期，居然高達五百萬。而且隨著河工開支的增加、河工的組織及人員也不斷地澎

〔註22〕水利問題，除魏源所撰專文外，可參考王家儉先生著：〈魏源的水利議──兼論晚清經世學家修法的務實精神〉，見《清史研究論籔》（臺北：文史哲出版社，1994），頁175～210。

〔註23〕參見王國維著：〈沈乙庵先生七十壽序〉，引自齊思和〈魏源與晚清學風〉，《燕京學報》，卷39。

〔註24〕魏源著：〈都門感秋寄陸彥若于奉天〉，《清夜齋詩稿》，收入沈雲龍編：《近代中國史料叢刊續編》（臺北：文海出版社，1974）頁12，據手稿本影印。

〔註25〕魏源著：〈道光丙戌海運記〉，收入沈雲龍編：《中國近代史料叢刊》第424冊。（臺北：文海出版社，據光緒四年淮南書局刊本影印）。

脤。成爲政府財政的一大負擔。

魏源乃提出兩大對策。其一,對於河病問題,他以治河者必須「明古今」、「識水性」。所謂「明古今」,亦即從河的本身上做一番歷史的考察,以明白其今昔流向,並瞭解乾隆至道光間八十餘年,三次河決皆因地勢北低南高而往北流的現象。所謂「識水性」,亦即應知水性就下之理,因勢利導而使之北流,歸於漢唐故道,再由山東清河入海。至於治河之法,他認爲應乘冬季水淺期間,築隄束河,導之東北。張秋以西、自陽武中經長垣、東明等地,上承延津,下歸運河,仍沿漢唐黃河故道,但創遙隄以節制之,便可使其成爲天然河漕。張秋以東,下至利津,則就大清河兩岸展寬,或開創遙隄,使河行於太行及泰山之間。然後再以北岸爲南岸,改北隄爲南隄,藉使大溜不致南決。如此則河病即可大減。其次,對於財病而言,黃河改道,僅須留一河道駐紮張秋,監督南岸、北岸、上游、下游數廳之官,以及河標武職數十員即可。至於其他的冗官冗員冗兵則大半可省,而歲修及倒塘濟運之費,至多不過數十萬。

魏源於水利問題還因直隸境內河患嚴重,尤以永定河及漳河氾濫最多,魏源乃考之成案,諏之故老,並質諸老於河事之士人,並親赴沿河一帶調查,最後再提出他治二河的意見。(詳見〈畿輔河渠議〉,頁 379～382)

湖廣指長江中游的湖南湖北而言,魏源說歷代以來有河患無江患,但長江水利,今非昔比,因此探討湖廣水患發生的原因,在上游山區濫伐濫墾,及下游之築圩成田,以致洩水之田完全淤塞,受水之地大量減少。因此治之之要在「除其奪水奪利之人」。又湖北有兩條大河,一爲荊江、一爲漢江,二者皆爲長江之支流,而關係於湖北水利至鉅,漢江水患在上游濫伐濫墾,下游築圩修堤,使江水無法傾洩,荊江水患在下游與水爭地。魏源力主以疏導代替築隄。(〈湖廣水利論〉,頁 391)

明孝宗時黃河之水注入淮河,河床淤高,且清河以下無法宣洩,以致夏秋之際,動輒成災,所謂下河,即指現今淮安、高郵、寶應、泰州、興化、東台、鹽城等縣。魏源之議爲「下游治標與上游之治本」應當同時並舉,即治本方面要別改清口,以籌出清刷黃之路;治標方法,加強西隄,改用土田。此法所當注意的是河水控制的問題,即水壩之開啓時間,「開壩於立秋以前,則有害無利;開壩於立秋後處暑前,則利害參半;如開處暑以後,則不惟無害,而且有大利。」(詳見〈再上陸制府論下河水利書〉,頁 385～388)

　　綜觀魏源的水利思想，其主要觀念：一為強調水地中行而反對築隄束水之法。二為讓地於水，而反對人民與水爭地。三為強調審地勢識水性，以便因勢利導。四為上下游兼籌並顧，而不使之偏廢。以其著述時間論，前後長達將近四十年；以其所涉的範圍言，廣及海河、黃河、淮河、長江、太湖諸水系。似此長期關心水利而又議論如此廣泛者，在嘉道時期的知識份子群中，尚屬罕見。

　　（2）鹽　政

　　〈淮南鹽法輕本敵私議凡例〉（1832）、〈淮北票鹽志敘〉（1832）〔註26〕、〈籌鹺篇〉（1839）、〈上陸制軍請運北鹽協南課狀〉（1852）等，為魏源論鹽政的專文。

　　鹽區之中，最重要的是兩淮。淮南鹽產豐富，有長江之便；淮北又有淮河之利，所以行鹽區域廣，行鹽量大。自嘉慶末年，商情困敝，至道光年間，鹺政更加廢壞，此時受命挽救淮北鹽政的就是陶澍，而策畫參謀的就是魏源。魏源指出：

> 總之，弊必出於煩難，而防弊必出於簡易；裕課必由於輕本，而絀課必由於重稅。此則兩淮之所同，亦天下鹽利之所同，亦漕賦關權、一切度支之政所同。（〈淮北票鹽志敘〉，頁438）

因此他提出整理鹽政的總原則是：

> 天下無興利之法，除其弊則利自興矣；鹺政無緝私之法，化私為官，則官自營矣。欲敵私，必先減價；減價必先輕本，輕本必先除弊。弊乎利乎，相倚伏乎！私乎官乎，如轉圜乎！弊之難去，其難在仰食於弊之人乎？（〈淮北票鹽志敘〉，頁438）

　　他所提出的票鹽一法，更是鹽法的一大改革。票鹽之法是將綱法稍改，廢除專商，保留引岸，將淮北的暢岸仍歸商運，而將其餘的滯岸，開放給民營，任何人皆可請票赴局，買鹽販運。此法效果，不僅可引銷課溢，且可以其盈餘補淮南懸引之不足。後來兩江總督陸建瀛採用魏議，所收兩淮鹽利遠溢往額。〔註27〕

　　（3）海防思想

　　自來中國邊患，多來自西北；及西力東漸，又且來自東南，至清中葉邊

〔註26〕魏源曾撰〈淮北票鹽記〉，約二千字，自謂最為明核，失稿於楊州。詳見氏著：〈淮北票鹽志敘〉文末自記。

〔註27〕參見陳耀南著：《魏源研究》，頁150。

禍海防，遂俱形嚴重，籌邊防必研究西北史地，故自清中葉以來，是學之研究蔚爲一時風氣，若徐松、張穆、何秋濤是其中尤著者也。因東南海防而研究西洋史地國情，則自魏源《海國圖志》創之。

當時士大夫無不欲知敵情而籌防禦之策，此書遂風行一時，成爲世界史地最詳備之教科書，故一續再續，以至於三續。原本五十卷，續爲六十卷，最後擴爲百卷。卷一卷二爲籌海篇，所陳守禦之策，有腐敗不堪用，練民團水勇以禦敵等事；攻敵之策，有調夷之仇國以攻夷，師夷之長技以制夷，並主張造輪船，鑄大砲；款夷之策，有聽各國互市以款夷，持鴉片初約以通商等事。這些方案雖未必盡屬可行，卻在當時對於中國外交政策，發生極大影響。

他說：「天下有不可強者三，有其人，無其財，一難也；有其財，無其人，二難也；有其人，有其財，無其材，三難也。」〔註28〕而中國既有充足的資源，民眾又蘊藏極大的力量，況「中國智慧，無所不有」，只要能敢於善於向西方學習，就能制服「無道之虎狼英吉利」，則國家就能興盛起來了。當前的首要任務，就是增強防衛力量，打敗來自海上的「英夷」入侵。

他的海防策不外戰守款三端。爲議守、議政、議款三策互用，於每個方策上均提出具體的方法。

守尤爲攻夷款夷之本。他認爲「以守爲戰，而後外夷服我調度，是謂以夷攻夷。以守爲款，而後外夷範我馳驅，是謂以夷款夷。」又曰：

自守之策二：一曰守外洋不如守海口，守海口不如守內河；二曰調客兵不如練土兵，調水師不如練水勇。（《海國圖志‧籌海篇‧議守上》，頁1）

他的守內河是要有充足守備的條件，並且以三元里爲例，說明誘敵入腹地而後殲滅之可行，務必整備妥當，然後才可使「寇能入而不能出」。（《海國圖志‧籌海篇‧議守上》，頁3）

海防以水師爲宜，陸兵用處不大，與其糜餉徵調，不如就地練兵，既可省餉，又能安撫沿海及內地盜匪奸民爲兵，故提出「以土兵代客兵，以水勇代水師」之議。

議戰之法，他提出以夷制夷之法用在未款之時，「欲制外夷者，必先悉夷情始。」了解夷形以後，他提出以夷攻夷之策，是聯合俄羅斯、佛蘭西及彌利堅三個「英夷的仇國」，以及廓爾喀、暹羅、緬甸和安南四個「中國的屬國」，八國組成聯盟，以之對抗英夷。魏源所議之策並不是單單停留在「以夷制夷」

〔註28〕見《海國圖志‧籌海篇‧議戰》，頁29。

之上，「以夷制夷」只是一時權宜之策罷了，最主要的還是修武備，「師夷長技以制夷」。既然要求海防，船砲問題不能不加以考慮。魏源最初主張向外國買船砲，認爲「造砲不如購砲，造舟不如購舟」。但後來意識到爲國家百年大計，仍是自造爲宜，並提出具體的方案。此外，魏源洞察「西夷之所長不徒船砲也」，而是練兵的方法優良。他認爲西洋練兵的三個優點是：嚴於挑選，精於訓練，優於薪餉。我國於模倣西法造器械的同時，也要注意及倣效西式的練兵方法。（以上引文見《海國圖志・籌海篇・議戰》，頁 24～35）

綜上所論，魏源於經世實學多有宏遠的見識，平實可行的方案。其被採行之海運策、票鹽法等，都收良好成效，其實學俱有以下精神：

除弊先於興利：在水利問題的討論中，嘗言：「欲興水利，先去水弊。除弊如何？曰：除其奪水奪利之人而已。」（〈湖廣水利論〉，頁 391）鹽法問題亦曰：「弊之難去，其難在仰食於弊之人乎！」（〈淮北票鹽法志敘〉，頁 438）均除弊先於興利。

因勢利導：魏源治河，提出要活用經典，「禹河故道」，并非一成不變；要順水應地，引河循大清河入海，「因其就下之性，使順而且易。」（〈籌河篇中〉，頁 368）

得人才：強調人才之重要，曾說：「苟非其人，法不虛行。」（〈籌漕篇下〉，頁 410）；「苟非其人，功不虛因。」（〈海運全案序〉，頁 412）；「如慮事久弊生，官刻價值，商情阻畏，此則人存政舉，……有治人無治法。」（〈復蔣中堂論南漕書〉，頁 423）

易簡爲本：魏源票鹽法的竅決，曰：「防弊必出於易簡，裕課必由於輕本。」（〈淮北票鹽志敘〉，頁 440）以易簡防止層層剝削，又以輕本減價以敵私而達到裕課的目標，此即所謂「易簡」哲學。

結　語

　　常州學派之學術特質，在利用公羊義理發揮其經世思想。面對當時的政治問題，利用公羊學的大一統思想，一方面解決滿漢對立的問題——合理化滿清的統治地位；同時以中國傳統的政治文化要求滿清泯除滿漢界線。當時政治的根本問題，在吏治不肅，吏治不肅由於人才不競，人才不競由於制度不善，……歸根究柢，原因在於滿清之不願對漢人開放政權。所以常州學派譏世卿、系統化公羊學、援經議政等，無非都是要求滿清以中國之治法施政。

　　錢賓四先生謂常州學派無救厄運，卒使學術、治道同趨漸滅，故對常州學派的評價不高，認為只是當時考據學的歧趨旁衍而已。然而，政治的腐化，牽涉層面至廣，即嘉慶以帝王之尊而「孜孜圖治」，尚且還有「奈諸臣之全身保位者多」之嘆，何況在政治上並無實權的學者。就前文之討論，常州學派在經學、史學、實務方面，均能針對時代問題，提出建議；其所論之未被重視，實則顯現政治問題之積重難返，非個人意志所能立即改變，不必以此苛求一、二學者，故常州學派的治學精神與經世思想，在繼承文化薪火，開創文化新機方面之成就，仍應該給予肯定。

　　常州學派對當時學風的主要影響，是把學術與治道融合為一。

　　莊存與強調《春秋》中有「至聖之法」與「王治之象」。治經之目的即在求取聖人所垂示的義理，進而致用於國計民生。劉逢祿與宋翔鳳均以《春秋》當新王，從事制度規劃的工作。劉逢祿講封建而不崇禮讓，以三科九旨的褒貶，做為世卿、貴族行事的依據等，均是思以客觀制度限制滿族特權的澎漲。翔鳳闡述孔門微言，提倡禮樂制度與學校教化功能，雖不免流於附會，但政教合一的主張，適為針對學術與政治脫離的時弊而發則甚為明顯。龔定盦援

引公羊義理，規劃天下大計，對當時社會風氣、政治制度的腐敗現象，施以辛辣的諷刺。他以經學的微言大義，爲自己的理論後盾，不守繩墨不泥家法的用經態度，使經學有了新的精神。魏源治學重會通，博極經、史、百家之學，在〈默觚〉中發揮深刻的政治思想，後人只注意其時務方策而忽略其學術整體精神，實令人惋惜。但就學術與治道結合的成效言，常州學者中，仍以魏源的貢獻最大。

由於常州學派治學途徑的異於當時學風，所論又頗能鍼砭時病，故引起當時學者的注意，風氣既開，終使學術走出埋頭於故紙堆中的象牙塔，而注意實政的問題。

其次，常州學派對於當時學術研究的發展也有深遠的影響。

隨著公羊學的日益發展，其研究範圍由公羊一經的研究，而擴及於今文經學的全面研究，把四書五經都融納進公羊學的體系。如逢祿《論語述何》曾以何休之意，解釋《論語》義理，翔鳳進一步公羊化論語學，開啓清末論語學研究的新徑。

公羊家憑藉經學的義理與素王的權威，發揮個人政治主張，爲鞏固其理論基礎，難免要爲自己的主張辯護。逢祿撰《春秋公羊經何氏釋例》時，已對劉歆及《左傳》產生懷疑；後來撰《左氏春秋考證》謂《左氏春秋》原不是編年的，其體裁近於《國語》，其解經的義例，爲劉歆所竄入。雖然辨僞之學自宋代以來，已有不少辨僞的議論，但受傳統宗經觀念的支配，學者的工作仍集中於辨僞史、僞子、僞集、少有辨僞經的。到閻若璩的《古文尚書考證》，才辨明經學中有僞史料的問題。逢祿之懷疑《左傳》不傳聖人的微言大義，疑其爲史而非經，又使辨僞經的範圍推進一大步。其後定盦繼之爲《左氏抉疣》一卷，是書已佚，但〈己亥雜詩〉第五十七首云：「其劉歆竄益左氏顯然有跡者，爲《左氏決疣》一卷。」說明此書是根據《左氏春秋考證》而作。魏源《詩古微》，謂《毛傳》與〈大‧小序〉均爲僞書；《書古微》謂《孔傳》及東漢馬、鄭所傳《古文尚書》爲不可信。他們原來立論取徑於今文經學，揭發古文經學中僞經僞古史的眞相，原爲鞏固自己理論的基礎，但風氣一開，至康有爲不僅疑及僞經，更疑及古代經學上所表現的史實。疑古辨僞遂發展爲學術新潮流。

康有爲著有《新學僞經考》及《孔子改制考》。《新學僞經考》因見解新穎，驚世駭俗，被梁啓超形容爲「思想界一大颶風」，其書發明秦焚書未嘗厄

及六經，十四博士所傳皆孔門足本，而斷定古文經爲劉歆所僞造，而劉歆所以作僞經之故，因欲佐王莽篡漢。《孔子改制考》發揮今文經學「絀周王魯」的論點，力證六經是孔子爲「託古改制」而作的書，要尊奉孔子的大道，就必須改革不合理的政治制度，由此理論基礎，康長素也學孔子的改制來一套變法運動。

這些學術與政治上的大變化，推本溯源，均與常州學派有關。

附錄：常州學者大事表

西元紀年	清帝紀年	傳主年齡	傳主大事紀要	歷 史 大 事
1719	康熙 58	存與 1	莊存與生。	
1730	雍正 8	存與 12	京師地震，屋傾壓存與於重牆下，掘土五、六尺許始得。存與力探經史性理百家，從舅氏錢公某講肆，平生學業始基此。	
1745	乾隆 10	存與 27	中一甲二名進士，存與內兄錢惟城中狀元。	
1748	乾隆 13	存與 30	散館，名列二等，授編修。	
1752	乾隆 17	存與 34	任會試同考官。	
1756	乾隆 21	存與 38	督直隸學政。	
1771	乾隆 36	存與 53	任副總裁。	大小金川復叛，任侍郎桂林爲四川總督
1772	乾隆 37	存與 54	教習庶吉士，查察槍手傳遞鼎冒諸弊極嚴密，覬覦者望風斂戢，士心益勵。	桂林、溫福夾攻大小金川，失敗。桂林革職，任阿桂爲四川總督
1776	乾隆 41	存與 58 逢祿 1	逢祿生。	阿桂陷葛爾崖。乾隆命國史館編二臣傳，以洪承籌爲首。
1777	乾隆 42	存與 59 翔鳳 1	翔鳳生。	阿桂爲武英殿大學士。江西舉王錫侯刪改《康熙字典》另刊字貫，犯忌立斬。
1779	乾隆 44	存與 61		和珅始用事。

1780	乾隆 45	存與 62		和珅子為十公主之額駙。
1784	乾隆 49	存與 66	存與知貢舉。	乾隆屢南游,民不堪斂迫。和珅為饗用日專,唯以貪斂為務。
1786	乾隆 51	存與 68 逢祿 11	存與以衰老休致。 逢祿從母歸省,初謁莊存與,叩以所學,曰:此外孫必可傳吾學。母命留外家從學。	和珅為文學殿大學士。御史曹錫寶劾和珅家人劉銓不法,詔曹錫寶革職留任。林爽文結天地會,陷彰化、諸羅。
1788	乾隆 53	存與 70 逢錄 13	存與卒。 逢祿讀畢十三經及周秦古籍。慕董仲舒之學,乃求《春秋蕃露》,益知七十子微言大義,遂研《公羊傳何氏解詁》,不數月盡通其例。	參贊大臣海蘭察擊林爽文,擒之。嘉義圍解。
1792	乾隆 57	自珍 1	自珍生。	乾隆撰《十全記》,誇耀十全武功。
1793	乾隆 58	逢祿 18	補府學生。	英使至北京,拒行跪拜叩頭禮而返。
1794	乾隆 59	逢祿 19 魏源 1	逢祿與莊述祖語群經家法,大稱善。復從受夏時等例及六書古炙籀之學,盡得其傳。 魏源生。	
1796	嘉慶 1			征苗軍興,各地失業之民無以謀生,多投白蓮教。白蓮教主要在川楚陝,漫延於甘肅、河南,政府剿擊,此滅彼起,歷時九年始定。
1797	嘉慶 2			阿桂卒,和珅獨秉政,益橫。
1799	嘉慶 4	翔鳳 23	母歸寧,命留常州。舅父莊述祖教以讀書稽古之道,家法緒論得聞其略。	乾隆崩,嘉慶即下和珅獄,賜死,查抄家產。
1800	嘉慶 5	逢祿 25 翔鳳 24	逢祿舉拔貢生。 翔鳳中舉。問學於張惠言。	重申鴉片禁令,鴉片貿易成為非法。
1802	嘉慶 7	逢祿 27 翔鳳 26	逢祿初試一等第三,復試下第。始識張惠言,與譚周易、三禮之學。 翔鳳輯《論語鄭注》持守漢儒立場;作《經問》志在包羅群經,闡釋條例;又始輯《四書纂言》。	

1803	嘉慶 8	自珍 12	外祖父段玉裁授自珍許氏部目，是平生以經說字，以字說經之始。	
1805	嘉慶 10	翔鳳 29 自珍 14	翔鳳在京寄居朱珪相國第。與陸繼輅、周濟、李兆洛等交往。應禮部試落第，回黔南。 自珍始考證古今官制，後成〈漢官損益〉上下篇、〈百王易從論〉一篇。	嚴禁洋人刊書傳布天主教。
1807	嘉慶 12	逢祿 32	逢祿舉順天鄉試中試，編修孔昭虔故世治《公羊春秋》，得卷大驚。座主戴文瑞、桂文敏等皆國士遇之。	
1808	嘉慶 13	魏源 15	魏源補縣弟子員，自是始究心陽明之學，又好讀史。	賀長齡成進士。
1810	嘉慶 15	自珍 19	自珍中式副榜貢生。	
1812	嘉慶 17	自珍 21	自珍校書武英殿，是平生為校讎學之始。	
1813	嘉慶 18			直隸、河南、山東天理教起事。
1814	嘉慶 19	逢祿 39 翔鳳 38 自珍 23 魏源 21	逢祿成進士，朝考入選授翰林院庶吉士。 翔鳳落第，欲應聘甘肅而不果。 自珍之父議修徽州府志，凡甄綜人物，搜輯掌故之役，均命自珍任之。 魏源隨父入都，初館於李春湖家。課餘之暇，嘗從胡承珙問漢學家法，從姚學塽問宋儒之學，從劉逢祿學公羊。古文辭則與董桂敷及龔自珍相切磋，於是學問大進。	
1816	嘉慶 21	自珍 25	成〈乙丙之際著議〉（本年為丙子，乙亥為嘉慶 20 年），江藩著《國朝漢學師承記》，自珍致書謂其名目有十不安。	
1817	嘉義 22	逢祿 42	逢祿散館，改禮部主事。	
1818	嘉慶 23	翔鳳 42 自珍 27	翔鳳入京赴試落第。作《大學古義說》。 自珍應浙江鄉試中式，座主為王引之。	

1819	嘉慶 24	自珍 28 魏源 26	自珍應恩科試不第，留都從逢祿受《公羊春秋》。 魏源中順天鄉試副榜，開始留心時務。	
1820	嘉慶 25	逢祿 45 自珍 29	仁宗崩，逢祿修《庚成大禮記注長篇》12 卷。 自珍會試不第，仍筮仕，得內閣中書。撰〈西域置行省議〉、〈東南罷番舶議〉，《徽州府志氏族表》已成，是年撰序。	
1823	道光 3	自珍 32	自珍編其文為文集三卷，餘集三卷，又錄少作十八篇附餘集之尾。〈懷人館詞選〉付刊。成〈五經大義終始論〉，又本年與上年間有〈壬癸之際胎觀〉九篇。	
1824	道光 4	逢祿 49	逢祿補儀制司主事。	
1825	道光 5	自珍 34	自珍始撰〈古史鉤沈論〉。	
1826	道光 6	逢祿 51 自珍 35 魏源 33	自珍、魏源會試不第，是科逢祿與分校鄰房，有浙江湖南二卷，經策奧博，力荐不售，於是有傷浙江湖南二遺卷之詩。 魏源輯《皇朝經世文編》、《江蘇海運全案》二書告成。	
1828	道光 8	自珍 37	自珍撰成《尚書大義》、《大誓答問》、《尚書馬氏家法》各一卷。	
1829	道光 9	逢祿 54 自珍 38 魏源 36	逢祿卒。 自珍會試中式，殿試三甲第十九名，賜同進士出身。朝考奉旨以知縣用，呈請仍歸中書原班。 魏源應試不第，納貲為內閣中書，熟悉有清一代之典章制度，及日後經世思想之形成均大有關係。《詩古微》、《董子春秋發微》二書成，著手作《聖武記》。	
1833	道光 13	自珍 42	自珍撰成《左氏春秋服杜補義》、《左氏決疣》、《西漢君臣儷春秋之義考》各一卷、〈六經正名篇〉，寫定〈古史鉤沈論〉。	英國設置「駐華商務監督」，販毒加劇。
1835	道光 15	自珍 44	自珍擢宗人府主事。	

1837	道光 17	自珍 46	自珍奉旨充玉牒館纂修官，草創章程未竟其事，改官去。	
1838	道光 18	自珍 47	自珍成〈春秋決事比〉，11 月林則徐辦海口事件，自珍作序送之，有南遊之意，爲林所婉拒。	廣州一萬多名群眾示威抗議英美阻擾處決鴉片煙販、林則徐前往廣州查禁鴉片。
1840	道光 20	翔鳳 64 自珍 49 魏源 47	翔鳳作《論語說義》、《孟子趙注補正》。 自珍寫〈己亥雜詩〉竟。 英軍官被俘，魏源在寧波軍營就其口供，採以他聞，作《英吉利小記》。	宣宗下詔停止貿易，暴發鴉片戰爭。7月英軍陷定海。9月林則徐革職，琦善爲兩廣總督。
1841	道光 21	自珍 50 魏源 48	自珍任丹陽書院教職，卒於丹陽。 魏源入裕謙幕府。5 月林則徐被發往伊犂，魏源迎晤於江蘇京口以爲惜別，林以所譯《四洲志》等付源，囑撰《海國圖志》。8 月英軍陷鎮海，裕謙投海死，魏源感慨萬端，埋首著《聖武記》。	琦善與義律訂穿鼻草約。
1842	道光 22	魏源 49	7 月《聖武記》告成，12 月《海國圖志》告成。	與英訂南京條約，爲不平等條約之始。
1843	道光 23	魏源 50	魏源編定《龔定盦全集》。	
1846	道光 26	翔鳳 70 魏源 53	翔鳳《四書纂言》成，包括《大學注疏集證》、《中庸注疏汲證》、《論語纂言》、《孟子纂言》，從 26 歲始事編輯，閱四十餘年而成。 魏源再修《聖武記》。	
1849	道光 29	魏源 56	魏源《小學古經》成於揚州絜園。權興化知縣，奉檄調查下河水利。	
1850	道光 30	魏源 57	魏源擢高郵知州。《海國圖志》、《聖武記》二書傳入日本。	洪秀全起兵於廣西。
1855	咸豐 5	魏源 62	魏源《書古微》、〈兩漢經師今古文家法考〉、〈明代兵食二政錄〉成。	蒙化縣首領杜文秀起兵，雲南戰亂 18 年。
1857	咸豐 7	魏源 64	魏源卒。	
1853	咸豐 3	翔鳳 77	翔鳳序《過庭錄》。	
1860	咸豐 10	翔鳳 84	翔鳳卒。	

參考書目

一、專　著

（一）五位學者之著作

1. 《春秋正辭》，清・莊存與著，收入阮元輯，《皇清經解》，卷 375～378，
   臺北：復興書局，1972 年。

2. 《味經齋遺書》，清・莊存與著，（光緒八年刻本）。

3. 《春秋公羊經何氏釋例》，清・劉逢祿著，收入《皇清經解》，卷 1280～
   1289。

4. 《公羊春秋何氏解詁箋》，清・劉逢祿著，收入《皇清經解》，卷 1290。

5. 《發墨守評》，清・劉逢祿著，收入《皇清經解》，卷 1291。

6. 《穀梁廢疾申何》，清・劉逢祿著，收入《皇清經解》，卷 1292～1993。

7. 《左春秋考證》，清・劉逢祿著，收入《皇清經解》，卷 1294～1295。

8. 《箴膏肓評》，清・劉逢祿著，收入《皇清經解》，卷 1296。

9. 《論語述何》，清・劉逢祿著，收入《皇清經解》，卷 1297～1298。

10. 《劉禮部集》，清・劉逢祿著，（道光十年刻本）。

11. 《論語說義》，清・宋翔鳳著，收入王先謙輯，《皇清經解續編》，卷 389
    ～398，臺北：復興書局，1972 年。

12. 《大學古義說》，清・宋翔鳳著，收入《皇清經解續編》，卷 378～388。

13. 《過庭錄》，清・宋翔鳳著，北京：中華書局，1984 年。

14. 《龔定庵全集類編》，清・龔定盦著，臺北：世界書局，1980 年。

15. 《定盦全集》，清・龔定盦著，臺北：中華書局，1970 年。

16. 《魏源全集》，清・魏源著，長沙：岳麓書社，2004 年。

17. 《海國圖志》，清‧魏源著，長沙：岳麓書社，1998 年。

18. 《清朝經世文編》，清‧魏源編，北京：中華書局，1992 年。

19. 《魏源集》，清‧魏源著，臺北：鼎文書局，1978 年。

20. 《清夜齋詩稿》，清‧魏源著，收入沈雲龍編，《近代中國史料叢刊續編》，臺北：文海出版社，1974 年。

（二）後人之研究

1. 《龔定盦研究》，朱傑勤著，臺北：臺灣商務印書館，1992 年。

2. 《龔自珍研究論文集》，孫文光、王世芸著，上海：上海書店，1992 年。

3. 《龔自珍研究論稿》，鄒先進著，大陸：南海出版公司，1992 年。

4. 《中國歷代思想家‧莊存與‧戴雲‧龔自珍》，陸寶千著，臺北：臺灣商務印書館，1987 年。

5. 《中國歷代思想家‧魏源‧馮桂芬》，王家儉著，臺北：臺灣商務書館館，1987 年。

6. 《魏源師友記》，李柏榮著，長沙：岳麓書社，1986 年。

7. 《魏源的政治思想》，翁瑞庭著，臺北：臺灣商務印書館，1983 年。

8. 《魏源研究》，陳耀南著，自印本，1982 年。

9. 《魏源詩文繫年》，李瑚著，重慶：新華書店，1979 年。

二、古　籍

（一）經學類

1. 《春秋左傳注》，周，左兵明撰‧楊伯峻校注，臺北：源流印刷廠，1982 年。

2. 《春秋公羊傳今註今譯》，漢‧公羊壽撰，李宗侗校注，臺北：臺灣商務印書館，1974 年。

3. 《說文解字注》，漢‧許慎撰，清‧段玉裁注，臺北：黎明文化，1992 年。

4. 《春秋公羊傳何氏解詁》，漢‧何休著，臺北：中華書局據四部備要影印。

5. 《論語集解》，魏‧何晏集解，臺北：廣文書局影印乾隆五十三年刻本。

6. 《春秋經傳集解》，唐‧杜預集解，臺北：中華書局，1974 年。

7. 《春秋公羊傳疏》，唐‧徐彥疏，臺北：中華書局，1966 年。

8. 《四書集註》，宋‧朱熹撰，臺北：藝文印書館，1980 年。

9. 《四庫全書總目提要》，清‧紀昀等著，臺北：臺灣商務印書館據文淵閣《四庫全書》影印，1983 年。

10. 《讀風偶識》，清‧崔述著，收入《叢書集成》初編，臺北：臺灣商務印

書館，1939 年。

（二）史書類

1. 《史記》，漢・司馬遷著，北京：中華書局，1997 年。
2. 《漢書》，漢・班固著，北京：中華書局，1997 年。
3. 《通典》，唐・杜佑著，臺北：臺灣商務印書館，1987 年。
4. 《資治通鑑》，宋・司馬光著，臺北：世界書局，1987 年。
5. 《十二朝東華錄》，清・王先謙纂，臺北：大東書局，1968。
6. 《春冰室野乘》，清・李孟符著，收入《近代中國史料叢編》，臺北：文海出版社，1967 年。
7. 《大清仁宗睿（嘉慶）皇帝實錄》，清・宣宗敕撰，臺北：華文書局，1964 年。
8. 《清史稿》，趙爾巽等撰，臺北：鼎文書局，1981。

（三）子　部

1. 《荀子》，周・荀卿著，臺北：中華書局，1985 年。
2. 《莊子集解》，周・莊周著，清・郭慶藩集解，臺北：華正書局，1982 年。
3. 《春秋繁露義證》，漢・董仲舒著，清・蘇輿撰，臺北：中華書局，1992 年。

（四）集　部

1. 《文心雕龍注釋》，梁・劉勰著，周振甫注，臺北：里仁書局，1984 年。
2. 《傳習錄》，明・王陽明著，臺北：臺灣商務印書館，1994 年。
3. 《文史通義》，清・章實齋，臺北：里仁書局，1984 年。
4. 《鮚埼亭集》，清・全祖望，臺北：華世出版社，1977 年。
5. 《段玉裁遺書》，清・段玉裁，臺北：大化書局，1977 年。
6. 《嘯亭雜錄》清・昭槤著，收入《筆記小說大觀》第 27 編，（臺北：新興書局）

三、今人相關論著

（一）通論性研究

1. 《政治制度與近代中國》，謝俊美著，上海：人民出版社，1995 年。
2. 《兩漢經學與政治》，湯志鈞著，上海：古籍出版社，1994 年。
3. 《董仲舒與新儒學》，黃朴民著，臺北：文津書局，1992 年。
4. 《清代哲學》，王茂等著，大陸：人民出版社，1992 年。

5. 《清儒學記》，張舜徽著，大陸：齊魯書社，1991 年。

6. 《從左傳論春秋時代之政治與倫理》，李新霖著，臺北：文史哲出版社，1991 年。

7. 《清代學術概論》，梁啓超著，臺北：中華書局，1989 年。

8. 《清代碑傳全集》，閔昌爾著，上海：古籍出版社，1987 年。

9. 《清代樸學大師列傳》，支偉成著，長沙：岳麓書社，1986 年。

10. 《四庫全書纂修考》，郭伯恭著，臺北：商務人人文庫，1984 年。

11. 《中國學術通義》，錢穆著，臺北：學生書局，1982 年。

12. 《公羊家哲學》，陳柱著，臺北：中華書局，1980 年

13. 《清學案小識》，唐鑑著，臺北：臺灣商務印書館，1975 年。

14. 《六十年來之國學》，程發軔著，臺北：正中書局，1975 年。

15. 《中國近三乃年學術思想論集》六編，存萃學社編，香港：崇文書店，1971

16. 《清代政治思想》，王雲五著，臺北：臺灣商務印書館，1970 年。

17. 《清儒學案》，徐世昌著，臺北：世界書局，1966 年。

18. 《民族性》，巴克著，臺北：商務印書館，1965 年。

19. 《劉申叔遺書》，劉師培著，江蘇：古籍出版社據寧武南氏 1934 校印本影印。

20. 《章氏叢書》，章太炎著，臺北：世界書局。

（二）經學研究

1. 《春秋三傳異同考釋》，李啓原著，高雄：文化出版社，1995 年。

2. 《中國經學史論文選集》，林慶彰編，臺北：文史哲書局，1993 年。

3. 《經學常談》，屈守元著，成都：巴蜀印刷廠，1992 年。

4. 《經子通論》，皮錫瑞著，臺北：臺灣商務印書局，1989 年。

5. 《近代經學與政治》，湯志鈞著，北京：中華書局，1989 年。

6. 《春秋要領》，程發軔著，臺北：三民書局，1989 年。

7. 《兩漢經學今古文平議》，錢穆著，臺北：三民書局，1989 年。

8. 《中國經學史》，馬宗霍著，臺北：臺灣商務印書館，1986 年。

9. 《清末公羊思想》，孫春在著，臺北：臺灣商務印書館，1985 年。

10. 《讀經示要》，熊十力著，臺北：廣文書局，1985 年。

11. 《經今古問題新論》，黃彰健著，收入《中研院史語所專刊》79，臺北：三民書局，1982 年。

（三）史學研究

1. 《清史研究論籔》，王家儉著，臺北：文史哲書局，1994 年。
2. 《中國清代政治史》，徐凱著，大陸：人民出版社，1994 年。
3. 《中國清代思想史》，張越著，大陸：人民出版社，1994 年。
4. 《中國實學思想史》，葛榮晉著，北京：首都師範大學出版社，1994 年。
5. 《中國近代思想史》，張錫勤著，臺北：三民書局，1993 年。
6. 《史學方法論》，杜維運著，臺北：三民書局，1992 年。
7. 《中國史學史》，金靜庵著，臺北：鼎文書局，1992 年。
8. 《中國近三年年學術史》，錢穆著，臺北：臺灣商務書局，1990 年。
9. 《中國文化史》，柳詒徵著，臺北：正中書局，1989 年。
10. 《中國近三百年學術史》，梁啓超著，臺北：華正書局，1989 年。
11. 《中國近代史學史》，袁英光著，江蘇：古籍出版社，1989 年。
12. 《中國近代哲學史》，馮契著，上海：上海人民出版社，1989 年。
13. 《與西方史家論中國史學》，杜維運著，臺北：三民書局，1988 年。
14. 《西方近代思想史》，鮑莫爾著，臺北：聯經出版社，1988 年。
15. 《歷史定論主義的窮困》，卡爾·巴柏著，臺北：聯經出版社，1984 年。
16. 《歷史哲學》，黑格爾著，臺北：里仁書局，1984 年。
17. 《歷史的理念》，柯林烏著，臺北：聯經出版社，1981 年。
18. 《中國史學名著》，錢穆著，臺北：三民書局，1980 年。
19. 《清代通史》，蕭一山著，臺北：臺灣商務印書館，1980 年。
20. 《清史大綱》，金兆豐著，臺北：學海書局，1977 年。
21. 《中國政治思想史》，蕭公權著，臺北：華岡書局，1977 年。
22. 《近代史事與人物》，沈雲龍著，臺北：文海書局，1971 年。
23. 《清代政治思想》，王雲五著，臺北：臺灣商務印書館，1970 年。
24. 《經學歷史》，皮錫瑞著，臺北：世界書局，1962 年。
25. 《中國學術思想通史》，侯外廬著，北京：北京人民出版社，1958 年。
26. 《近代中國學說史》，侯外廬著，香港：生活書局，1947 年。
27. 《中國近三百年哲學史》，蔣維喬著，臺北：中華書局，1932 年。

四、期刊論文

（一）五位學者研究專文

莊存與

1. 〈莊方耕學記〉，孫海波著，《中國近三百年學術思想論集》初編，香港：

崇文書店，1971 年。

2. 〈莊存與〉，江蘇研究社編，《江蘇研究》，第 1 卷第 5 期，1935 年 9 月。

劉逢祿

1. 〈劉逢祿的公羊學〉，陸振岳著，《蘇州大學學報》，1992 年第 3 期。

2. 〈劉逢祿「論語述何」析評〉，胡楚生著，《第二屆清代學術研討會論文集》，高雄：中山大學，1991 年 11 月。

3. 〈劉逢祿公羊學概述〉，鍾彩鈞著，《第一屆清代學術研討譚論文集》，高雄：中山大學，1989 年 11 月。

4. 〈書劉禮部遺書後〉，孫海波著，《中國近三百年學術思想論集》初編，香港：崇文書店，1971 年。

5. 〈劉逢祿〉，江蘇研究社編，《江蘇研究》，第 1 卷第 4 期，1935 年 8 月。

宋翔鳳

1. 〈宋翔鳳學術思想概述〉，鍾彩鈞著，《清代經學國際研討會論文集》，臺北：中研院文哲所，1994 年 6 月。

2. 〈宋翔鳳的生平與師友〉，鍾彩鈞著，《第一屆國際清代學術研討會論文集》，高雄：中山大學，1993 年 11 月。

龔自珍

1. 〈龔自珍「尊史」思想初探〉，牛春生著，《中國近代史》，1994 年 2 月。

2. 〈龔定菴的經世思想〉，張壽安著，《漢學研究》，第 10 卷第 2 期，1992 年 12 月。

3. 〈龔自珍歷史學說綜論〉，竺柏松著，《歷史學》，1992 年 11 月。

4. 《龔自珍的人才觀》，瞿廷縉著，《史林》，1988 年 3 月。

5. 〈從「狂言」到「微言」——論龔自珍經世思想與今文經學〉，周啓榮著，《近世中國經世思想研討會論文集》，中研院文哲所，1984 年。

6. 〈龔自珍的經世思想〉，孫廣德著，《近世中國經世思想研討會論文集》（臺北：中研院文哲所，1984 年）。

7. 〈龔魏的歷史哲學與變法思想〉，許冠三著，見《中華文史論叢》，1980 年 1 月。

8. 〈龔定菴與常州公羊學〉，張壽安著，《書目季刊》，第 13 卷第 2 期，1979 年 9 月。

9. 〈記龔自珍佚文〈學隸圖跋〉與魏源佚詩三首〉，樊克政著，《中華文史論叢》，1979 年 1 月。

10. 〈論清代反儒尊法的思想家龔自珍〉，戴謙彥著，《南京師範學報》，第 3 期，1975 年。

11. 〈龔自珍的尊法反儒精神〉，樊克政著，《文物》，第 12 期，1974 年。

12. 〈論龔自珍思想的性質和評價〉，王沛著，《廣州：中山大學學報》，1964 年。

13. 〈龔自珍先生年譜〉，王壽南著，見《大陸雜誌》第十八卷，第七、八、九期，1959 年 3、4、5 月。

魏　源

1. 〈魏源的歷史定位〉，陳勝鱗，《中國近代史》著，1994 年 11 月。

2. 〈魏源的改革觀與心力決定論〉，吳雁南著，《貴州大學學報》，第 2 期，1993 年。

3. 〈魏源的史學論述〉，喻大華著，《遼寧師範大學學報》，第 2 期，1990 年。

4. 〈魏源軍事思想研究〉，孟彭興、黃新田著，《史林》，1988 年 3 月。

5. 〈試論魏源的倫理思想〉，唐凱麟著，《求索》，1983 年 3 月。

6. 〈試論魏源歷史觀中的近代因素〉，李漢武著，《求索》，第 4 期，1983 年。

7. 〈談談魏源認識論的特點〉，利興民、李儀著，《哲學研究》，1982 年 3 月。

8. 〈魏源與鴉片戰爭史〉，陳其泰著，《史學史研究》，1982 年，第 3 期。

9. 〈試論魏源向西方學習的思想〉，徐光仁著，《華南師範學院學報》，1981 年 2 月。

10. 〈魏源《聖武記》的史學價值〉，陳其泰著，《史學史研究》，1981 年，第 4 期。

11. 〈試論魏源的反侵略軍事思想〉，董蔡時著，《江蘇師院學報》，1980 年 4 月

12. 〈中國資本主義思潮的前驅者〉，李永協著，《暨南大學學報》，第 3 期，1980 年。

13. 〈魏源信札考釋〉（三篇），李瑚著，《中華文史論叢》，1980 年 2 月。

14. 〈魏源與晚清時期的明史學〉，劉寅生著，《上海師範大學學報》，第 3 期，1979 年。

15. 〈論魏源〉，李侃著，《歷史學》，1979 年 3 月。

16. 〈魏源年譜〉，王家儉著，見《中央研究院近代史專刊》21，臺北：中央研究院，1967 年。

17. 〈魏源年譜簡編〉，徐光仁著，《華南師範學院學報》，1978 年。

18. 〈魏源的哲學最終還是論證了封建的「道」不變嗎〉，唐森著，《廣東師範學學報》，1975 年 4 月。

19. 〈魏源哲學思想的特點〉，吳澤著，《歷史研究》，1962 年 5 月。

20. 〈魏源與晚清學風〉，齊思和著，《燕京學報》，卷 39，1950 年。

（二）通論性論文

1. 〈宋代經世思想與行動研討會〉，黃俊傑著，《漢學研究通訊》，第 5 卷第 2 期，1992 年 9 月。

2. 〈乾嘉考據學流派辨析——吳派、皖派說質疑〉，暴鴻昌著，《歷史學》，1992 年 9 月。

3. 〈評價乾嘉學派應消除歷史成見〉，王俊義著，《歷史學》，1992 年 9 月。

4. 〈清代思想史的一個新解釋〉，余英時著，《歷史與思想》，臺北：聯經書局，1992 年。

5. 〈近代學風之地理分析〉，梁啟超著，《飲冰室合集·文集之四十一》，臺北：中華書局，1989 年。

6. 〈愛日草堂諸子的萌坼〉，陸寶千著，《近史所集刊》，第 16 期，1987 年。

7. 〈皇朝經世文編關於「經世之學」的理論〉，劉廣京、周啟榮著，《近代史研究所集刊》，15 期，1986 年 6 月。

8. 〈清代前期的輯佚書活動〉，白新良著，《南開學報》，1986 年第 2 期。

9. 〈經世思想之義界問題〉，王爾敏著，《近代史研究所集刊》，13 期，1984 年。

10. 〈清代學術思想史重要觀念通釋〉，余英時著，《中國思想傳統的現代論釋》，臺北：聯經出版社，1987 年。

11. 〈宋明以來儒家經世思想試探〉，張灝著，《近世中國經世思想研討會論文集》，1984 年。

12. 〈清代中葉士大夫之憂患意識〉，王聿鈞著，《近史所集刊》，第 11 期，1982 年。

13. 〈清代學者地理分佈概述〉，陳鐵凡著，《東海大學圖書館學報》，第 8 期。

14. 〈中國歷代人物之地理分析〉，朱君毅著，《廈門大學學報》，第 1 卷。

（三）經學研究論文

1. 〈晚清疑經風氣及其時代意義〉，李威雄著，《清代經學國際研討會論文集》，臺北：中研院文哲所，1994 年 6 月。

2. 〈清代經學思潮〉，何佑森著，《清代經學國際研討會論文集》，臺北：中研院文哲所，1994 年 6 月。

3. 〈關於清代今文經學的幾個問題〉，陸振岳著，《蘇州大學學報》，1994 年 3 月。

4. 〈清代中葉今文經學派學術思想論略〉，吳義雄著，《歷史學》，1993 年 6 月。

5. 〈公羊春秋三世說探源〉，段殷仲著，《中華文史論叢》，上海：中華書局，

1980 年。

6. 〈公羊新周故宋説〉，李新霖著，《復興崗學報》，第 34 期。

7. 〈公羊摘例〉，周何著，《私立靜宜文理學報》，第 5 期。

8. 〈春秋公羊傳辨義〉，陳槃著，《學術季刊》，第 2 期。

9. 〈清代公羊學之演變〉，陸寶千著，《廣文月刊》，第 1 卷第 45 期。

（四）史學研究論文

1. 〈説中國古代史學的優良傳統〉，瞿林東著，《歷史學》，1994 年 12 月。

2. 〈黑格爾與中國史學〉，尹韻公著，《歷史學》，1994 年 10 月。

3. 〈西方歷史哲學的產生與中國傳統史學的傳軌〉，林校生著，《歷史學》，1994 年 10 月。

4. 〈章學誠「六經皆史」及其相關問題的哲學反省〉，林安梧著，《清代經學國際研討會論文集》，臺北：中研院文哲所，1994 年 6 月。

5. 〈史子與「良史之憂」〉，瞿林東著，《歷史學》，1994 年 5 月。

6. 〈歷史地理學在歷史研究中之作用〉，李映輝著，《歷史學》，1994 年 4 月。

7. 〈中國傳統歷史哲子中的價值意識〉，趙馥洁著，《人文雜誌》，第 1 期，1994 年。

8. 〈略論中國傳統史學〉，史繼忠著，《貴州大學學報》，第 1 期，1993 年。

9. 〈近代中西歷史哲學的溝通與回應〉，張艷國著，《歷史學》，1992 年 12 月。

10. 〈西方歷史哲學中的歷史必然性觀念及其演變〉，楊耕著，《歷史學》，1992 年 6 月。

11. 〈地理史觀與中國近代史學的歷史考察〉，張艷國、黃長義著，《學術研究》，廣東：宏遠發展總公司，1992 年 5 月。

12. 〈試論我國古代史學取鑒思想的形成和發展〉，張翼之、曾海龍著，《歷史學》，1992 年 1 月。

13. 〈論歷史客觀性〉，福森著，《歷史學》，1991 年 12 月。

14. 〈歷史的兩重性：客觀的歷史與歷史的客觀〉，劉漢東著，《歷史學》，1991 年 11 月。

15. 〈清代史學致用思潮的演變〉，暴鴻昌著，《中國社會科學院研究生學報》，1991 年 1 月。

16. 〈清道光時期史籍著述的變化〉，董廣杰著，《歷史學》，1989 年 12 月。

17. 〈東方地理環境與中國歷史發展〉，張艷國著，《歷史學》，1989 年 10 月。

18. 〈史學方法論的三個層次〉，魏承思著，《歷史學》，1988 年 8 月。

19. 〈再論《道光洋艘征撫記》的祖本和作者〉，姚薇元著，《歷史研究》，第

4 期，1981 年。

20. 〈嘉道史學──從考據到經世〉，陸寶千著，《近史所集刊》，第 4 期，1975 年。

21. 〈元史新編〉，李思純著，見《元史學》，臺北：臺灣商務印書館，1971 年。

（五）博碩士論文

1. 《董仲舒春秋學述》，洪碧穗著，輔大中文所碩士論文，1995 年。

2. 《清代常州派論語學研究》，劉靜華著，成大中文所碩士論文，1994 年。

3. 《公羊傳的正名思想》，陳登祥著，輔仁中文所碩士論文，1993 年。

4. 《公羊學的一統論》，陳素華著，輔仁中文所碩士論文，1993 年。

5. 《近代經學之復興》，金炯均著，輔仁中文所碩士論文，1992 年。

6. 《春秋三傳性質之研究及其義例方法之商榷》，陳銘煌著，台大中文所碩士論文，1991 年。

7. 《經史與經世──清代浙東學者的經世思想》，鄭吉雄著，臺北：臺灣大學中國文學研究所碩士論文，1990 年。

8. 《春秋公羊傳稱謂例釋》，成玲著，師大國文所碩士論文，1990 年。

9. 《末明初經世文論研究》，林保淳著，臺北：臺灣大學中國文學研究所博士論文，1990 年。

10. 《莊存與春秋公羊學研究》，金榮奇著，政大中文所碩士論文，1990 年。

11. 《何休春秋公羊詁研究》，張廣慶著，師大國文師碩士論文，1989 年。

12. 《龔自珍詩研究》，韓淑玲著，台大中文所碩士論文，1980 年。

13. 《清代經今文學述》，李新霖著，師大國文所碩士論文，1977 年。

14. 《龔定庵學術思想研究》，張壽安著，台大中文所碩士論文，1976 年。

15. 《從公羊學訥春秋的王道精神》，林義正著，台大哲學所碩士論文，1974 年。

16. 《從公羊學論春秋的性質》，阮芝生著，台大歷史所碩士論文，1967 年。

附錄一：從《漢書・五行志》論西漢春秋學特色

前 言

《春秋》記災異原只是事件的載錄，在二百四十二年間此類記事，只是災異必書，並沒有記述災異所感何事，故學者多認爲《春秋》無天人感應思想。〔註1〕鄺國強先生指出：「孔子災異之說，蓋因此等大自然之災變影響人類社會與民生甚大、對每一朝代之農業經濟與政治施行有極大推動作用，故記錄它。並給後世繼位之君主及統治階級在社會民生之規劃上，對大自然突如其來之災害先有良好之準備，故記錄它。並繫以年月，絕無如後人所言，孔子在《春秋》經義中，以災異記錄暗示政治之得失，君臣之好惡，更爲天人災異之論。」〔註2〕這段文字推測《春秋》記載災異的原因，剝落《春秋》災異政治哲學化的面貌，甚爲詳明。

《公羊傳》對《春秋》所記災異，常有「何以書？」之問，以隱、桓、莊三公經文爲例，其中記災者如隱五年秋「螟」條下，曰：「何以書，記災

〔註1〕如王引之《經義述聞》，陳柱先生《公羊家哲學》，徐復觀先生《兩漢思想史》等均指出《春秋》雖記災異，但未明言應驗之事。詳見王引之著：《經義述聞》（臺北：廣文書局，1979），頁595～596；陳柱先生著：《公羊家哲學》（臺北：中華書局，1980），頁109～116；徐復觀先生著：《兩漢思想史》（臺北：學生書局，1976），頁371～420。

〔註2〕見氏著：〈西漢儒家天人災異思想之研究〉，《能仁學報》，第1期，1983年9月，頁529。

也。」桓元年「秋大水」條下，曰：「何以書，記災也。」莊七年「秋大水，無麥苗」條下，曰：「無麥苗則曷爲先言無麥而後言無苗？一災不書，待無麥然後書無苗。何以書，記災也。」莊十一年「秋，宋大水」條下，曰：「何以書，記災也。外災不書，此何以書，及我也。」莊二十年「夏，齊大災」條下，曰：「大災者何？大瘠也。大瘠者何？㾐也。何以書？記災也。外災不書，然何以書，及我也。」又其記異者如隱九年「二月癸酉，大雨震電」條下，曰：「何以書？記異也。何異爾？不時也。」又同年「庚辰，大雨雪」條下，曰：「何以書？記異也。何異爾？俶甚也。」莊七年「夏，四月辛卯，夜恆星不見，夜中星霣如雨」條下，曰：「恆星者何？列星也。列星不見何以知夜之中星反也？如雨者何？如雨者，非雨也。非雨，則曷爲謂之如雨？不修春秋曰：『雨星不及地尺而復』，君子修之曰：『星霣如雨』。何以書，記異也。」莊十八年「秋，有蜮」條下，曰：「何以書？記異也。」〔註3〕據統計，《公羊傳》中像這樣言災者約有二十八則，言異者約有四十則，〔註4〕然都未論及這些災異與人事的關係，蓋因《公羊傳》著重於所謂「書法義例」的探討，故往往只作「記災也」、「記異也」的歸類。

　　《公羊傳》中因災異而綰合天人感應之例，僅見於僖十五年秋「己卯，晦，震夷伯廟」，其文曰：「晦者何？冥也。震之者何？雷電擊夷伯之廟者也。夷伯者，何爲者也？季氏之孚也。季氏之孚，則微者，其稱夷伯何？大之也。曷爲大之？天戒之，故大之也。何以書？記異也。」〔註5〕由《春秋》記載夷伯之廟遭雷擊之事，《公羊傳》認爲此條記載大夫不當立廟，夷伯僭越立廟，恰好發生雷擊之事，故以「天戒之」解釋此次雷擊的原因。又宣十五年「冬，蝝生。」《公羊傳》曰：「未有言蝝生者，此其言蝝生何？蝝生不書，此何以書？幸之也。幸之者何？猶曰受之云爾者也。上變古易常，應是而有天災。其諸則宜於此焉變矣。」〔註6〕言因在上者不當的舉措，導致蝝蟲爲災，導致饑饉。此二例在論述上都有天人感應之意，然此類解說在《公羊傳》中不但

〔註3〕以上引文依序見《漢魏古注十三經‧公羊傳》（北京：中華書局，1998），頁16、23、42、45、49～50、19、19、41、49。以下引《春秋》三傳文均據此書，註明傳名、頁碼。

〔註4〕參見王初慶先生著：〈淺論漢初公羊學災異說〉，《兩漢文學與學術研討論文集》（臺北：華嚴出版社，輔仁大學主辦，1995），頁2。

〔註5〕見《漢魏古注十三經‧公羊傳》，頁73。

〔註6〕見《漢魏古注十三經‧公羊傳》，頁118。

少見，其中關於天人之應的解說也相當簡略。

　　《穀梁傳》對《春秋》災異的解說，較《公羊傳》少得多。如前述隱五年秋「螟」條、桓元年「秋大水」條，《穀梁傳》均無說。莊七年「秋大水，無麥苗」條下，則釋「秋大水」曰：「高下有水災曰大水」；釋「無麥苗」曰：「麥苗同時也」，兩者都屬於名詞的釋說。又莊十一年「秋，宋大水」條下，曰：「外災不書，此何以書？王者之後也。高下有水災曰大水。」此文前半屬於對《春秋》書法義例的說明，後半則屬於名詞的釋說。〔註7〕又《公羊傳》縮合天人感應之二例，《穀梁傳》之說曰：

> 晦，冥也；震，雷也；夷伯，魯大夫也。因此以見天子至于士，皆有廟。天子七廟，諸侯五，大夫三，士二，德厚者流光，德薄者流卑，是以貴始德之本也。始封必爲祖。
>
> 螽，非災也。其曰螽，非稅畝之災也。〔註8〕

對於僖十五年震夷伯之廟，只作制度的說明；對宣十五年螽生一事，雖有責稅畝導致災異譴告之意，卻只以簡略的一語帶過。以上所述顯示《穀梁傳》並不強調以天人感應解釋災異的問題。

　　《左傳》好預言、鬼神、災祥等，且料算推步，聲應氣求，常不爽錙銖。學者多指出《左傳》敘事所以多驗多中者，要在參稽卿大夫之言語動作威儀，及人事之治亂敬怠，故其億也多中，而其驗也不爽。基於這種重視道德因果關係的立場，《左傳》寫神怪靈異，旨在示其不惑於妖祥；載陰陽禍福，多寓文外曲致。〔註9〕茲同樣以《公羊傳》縮合天人感應之二例，見其一斑。《左傳》曰：

> 震夷伯之廟，罪之也。於是展氏有隱慝焉。
>
> 冬，螽生，幸之也。〔註10〕

震夷伯之廟一事，《左傳》認爲是災異譴告的結果，卻只以一語帶過，並沒有詳論；而螽生一事，《左傳》更不以災異視之，只從其不爲物害的角度，當作幸事。蓋《左傳》以史傳經，重視的是歷史事實而非歷史解釋，所謂「一部

〔註7〕見《漢魏古注十三經・穀梁傳》，頁15；頁17；頁33；頁36。

〔註8〕見《漢魏古注十三經・穀梁傳》，頁60；頁118。

〔註9〕參見張高評先生著：《春秋書法與左傳學史》（臺北：五南圖書出版公司，2001），頁39～55；頁75～76。

〔註10〕見《漢魏古注十三經・左傳》，頁106；頁177。

《左傳》，皆以禮敬道德裁斷吉凶禍福」之言，實可說明，《左傳》是以人事之修爲，測度未來之吉凶禍福，與從天人感應言之者截然異趣。〔註11〕

在這一點上與三傳有極大歧異的是西漢的春秋學家，在許多春秋學家看來，《春秋》中的災異都是天意的表現，認爲《春秋》深寓聖人的微言大義，災變的記載，代表上天的譴告和垂戒。

關於《春秋》三傳在西漢的傳授，《史記・儒林列傳》載漢初的《春秋》大師，於齊爲胡毋生，於趙爲董仲舒。胡毋生景帝時即歸老。《漢書・儒林傳》云：仲舒著書稱其德，因無著述流傳，影響不及仲舒。〔註12〕又《漢書・五行志》曰：

> 漢興，承秦滅學之後，景武之世，董仲舒治《公羊春秋》，始推陰陽，爲儒者宗。〔註13〕

說明董仲舒是以陰陽災異說經的關鍵人物，治《春秋》以《公羊傳》爲根據。

《穀梁傳》的傳授，據《漢書・儒林傳》記載，瑕丘江公受《穀梁春秋》及《詩》於魯申公，傳子至孫爲博士。江公訥於口，論辯不及董仲舒，其學不盛。唯魯榮廣、皓星公受焉。榮廣授蔡千秋、梁幼君、丁姓等，蔡千秋授尹更始。尹更始等宣帝時曾與《公羊》博士嚴彭祖等平《公羊》、《穀梁》同異，多從《穀梁》，從此穀梁學大盛。〔註14〕《隋書・經籍志》云：「《春秋穀梁傳》十五卷，漢諫議大夫尹更始撰，亡。」《新唐書・藝文志》題同〈隋志〉，云尹更始注。《舊唐書・經籍志》曰：「《穀梁章句》十五卷，今佚。」〔註15〕《玉函山房輯佚書》輯有尹更始「春秋穀梁章句」共十六節，其中多推陰陽、言災異之言。

又《漢書・儒林傳》稱劉向以故諫大夫通達，待詔受《穀梁》，不言有《穀梁傳》方面撰作。《玉函山房輯佚書》以《晉書・五行志》引劉向《春秋》說，范寧注多引劉向說，認定劉向實有書，因蒐輯劉向「春秋穀梁傳說」一卷十七節。並謂：「其說多災異。」〔註16〕

〔註11〕參見張高評先生著：《春秋書法與左傳學史》53～55。

〔註12〕詳見《史記・儒林列傳》（北京：中華書局，1997），頁3128；《漢書・儒林傳》，（北京：中華書局，1997），頁3615。

〔註13〕見《漢書・五行志》，頁1317。

〔註14〕見《漢書・儒林傳》，頁3617～3618。

〔註15〕見《隋書・經籍志》（北京：中華書局，1997），頁931；《新唐書・藝文志》，頁1437；《舊唐書・經籍志》，（北京：中華書局，1997），頁1979。

〔註16〕見《玉函山房輯佚書》二（京都：中文出版社據同治十年皇華館書局補刻本

　　《左傳》來源，在西漢沒有定論，〔註17〕加上它在漢初的傳授，不見於《史記》，僅有《漢書》的簡略記載，所以一般以爲其傳授，「劉歆以前不足信，劉歆以後始可信」〔註18〕。《漢書‧劉歆傳》曰：「初，《左氏傳》多古文古言，學者傳訓詁而已。及歆治《左氏》，引傳文以解經，轉相發明，由是章句義理備焉。」〔註19〕說明《左傳》「多古文古言」，並不是專爲解經而作，到劉歆才「引傳文以解經」，把《左傳》納入經學的領域。然劉歆對《左傳》沒有專著，杜預曰：「劉子駿創通大義」而已，而條例、章句、訓詁等工作，則由鄭興任之。〔註20〕

　　綜上所述，在西漢，董仲舒是公羊學的代表，尹更始與劉向均可爲穀梁學的代表，劉歆是左氏學代表。他們論《春秋》雖然所據不同，著作的有無、存佚也不同；然董仲舒與劉向歆父子對《春秋》災異的論述，均見錄於《漢書‧五行志》中，他們又分別根據《公羊傳》、《穀梁傳》、《左傳》立言，適可代表西漢學者對三傳的詮釋，故拙文擬從《漢書‧五行志》之相關記事，探討西漢春秋學之特色。

一、西漢春秋學家論災異的傾向

　　董仲舒與劉向歆父子三人所據雖異，治《春秋》卻有一個異中之同而與三傳顯然異趣的，就是三人解說《春秋》，陰陽災祥的色彩在他們的論述中，占有非常重要的地位。茲舉數例，以此三人對《春秋》災異的論見與三傳傳文作一對照，以見其一斑。

　　影印，1990），頁 1239～1241。

〔註17〕《左傳》來源，約有三說：其一，藏於秘府，爲劉歆所發現，事見劉歆〈移太常博士書〉；其二，漢初張蒼所獻，語見許慎《說文解字‧序》、《隋書‧經籍志》；其三，發現於孔子宅壁中，語見王充《論衡‧案書》。然這些說法，都沒有足以說服人的證據，迄今仍無定論。參見湯志鈞先生著：《西漢經學與政治》（上海：上海古籍出版社，1994），頁 117。

〔註18〕詳見朱維錚先生編：《周予同中國經學史論著選集》（上海：上海人民出版社，1983），頁 267。

〔註19〕見《漢書‧劉歆傳》，頁 1967。

〔註20〕詳見《漢魏古注十三經‧春秋經傳集解序》，頁 42。

1. 《春秋》桓十四年：「秋，八月壬申，御廩災；乙亥，嘗。」

三傳、漢三家	解 經 內 容 [註21]
左　傳	秋，八月壬申，御廩災；乙亥，嘗。書，不害也。（頁68）
公羊傳	秋，八月壬申，御廩災。御廩者何？粢盛委之所藏也。御廩災，何以書？記災也。乙亥，嘗。常事不書，此何以書？譏。何譏爾？譏嘗也。曰：猶嘗乎？御廩災，不如勿嘗而已矣。（頁33）
穀梁傳	御廩之災不志，此其志何也？以爲唯未易災之餘，而嘗可也，志不敬也。天子親耕以供粢盛，王后親蠶以供祭服。國非無良農工女也，以爲人之所盡，事其祖禰，不若以其所自親者也。何用見其未易災之餘而嘗也？曰：甸粟，而內之三宮，三宮米而藏之御廩。夫嘗必有兼甸之事焉。壬申，御廩災，乙亥，嘗。以爲未易災之餘而嘗也。（頁26）
董仲舒	董仲舒以爲先是四國共伐魯，大破之於龍門。百姓傷者未瘳，怨咎未復，而君臣俱惰，內怠政事，外侮四鄰，非能保宗廟終其天年者也，故天災御廩以戒之。（頁1321）
劉　向	劉向以爲御廩，夫人八妾所舂米之臧以奉宗廟者也，時夫人有淫行，挾逆心，天戒若曰：「夫人不可以奉宗廟。」桓公不寤，與夫人俱會齊，夫人譖桓公於齊侯，齊侯殺桓公。（頁1321）
劉　歆	劉歆以爲御廩，公所親耕籍田以奉粢盛者也，棄法度亡禮之應也。（頁1321）

　　以上六家所論，《左傳》不推究致災原因，亦不言《春秋》書法義例。杜預注：「災其屋，救之則息，不及穀。故曰：書不害。」[註22] 謂搶救及時穀物無損，故不防害災後嘗祭之禮的舉行。《公羊傳》則以爲《春秋》嘗祭不書，此年記此事的原因，是記其不應舉行而舉行的失禮行動。《穀梁傳》所論著重祭祀之態度，認爲用災餘之物致祭是不敬的行爲，故《春秋》志之以示警戒。以上三傳所論不離《春秋》書法與史實的問題；而董仲舒、劉向、劉歆推論致災的原因雖有不同，認爲在位者行事失當而引起上天降災示警，則爲三家所同。

[註21] 本表於三傳文引自《漢魏古注十三經》；於漢三家：董仲舒、劉向、劉歆之說，則採用《漢書・五行志》所載。每條引文後，都只標示二書頁碼。下文表格依此。

[註22] 見《漢魏古注十三經・春秋經傳集解》，頁68。

2. 《春秋》莊二十八年：「冬，大（水）亡麥禾，臧孫辰告糴于齊。」

三傳、漢三家	解 經 內 容
左　傳	冬，饑。臧孫辰告糴于齊，禮也。（頁 86）
公羊傳	《經》：「大無麥禾」。《傳》：冬，既見無麥禾矣，曷爲先言築微而後言無麥禾，諱以凶年造邑也。《經》：「臧孫臣告糴於齊」。《傳》：告糴者何？請糴也。何以不稱使？以爲臧孫辰之私行也。曷爲以臧孫辰之私行？君子之爲國也，必有三年之委，一年不熟告糴，譏也。（頁 55）
穀梁傳	《經》：「大無麥禾」。《傳》：大者，有顧之辭也。於無禾及無麥也。《經》：「臧孫臣告糴于齊」。《傳》：國無三年之畜，曰國非其國也優年不升，告糴諸侯，告，請也；糴，糴也。不正，故舉臧孫辰以爲私行也。國無九年之畜曰不足，無六年之畜曰急，無三年之畜曰國非其國也。諸侯無粟，諸侯相歸粟，正也。臧孫辰告糴于齊，告，然後與之，言內之無外也。古者稅什一，豐年補敗，不外求而上下皆足也，雖累凶年民弗病也。一年不艾而百姓饑，君子非之，不言如，爲內諱也。（頁 44）
董仲舒	董仲舒以爲夫人哀姜淫亂，逆陰氣，故大水也。（頁 1339）
劉　向	劉向以爲水旱當書，不書水旱而曰「大亡麥禾」者，土氣不養，稼穡不成者也。是時，夫人淫於二叔，內外亡別，又因凶飢，一年而三築臺，故應是而稼穡不成，飾臺榭內淫亂之罰云。遂不改寤，四年而死，禍流二世，奢淫之患也。（頁 1339）
劉　歆	無說。

　　杜注：「《經》書『大無麥禾』，《傳》言『饑』，《傳》又先書饑在築郿上者，說始糴。《經》在下須得糴，嫌或諱饑，故曰禮。」〔註23〕杜注就《左傳》前後文說明《左傳》書法，《左傳》認爲告糴于齊合禮；《公》、《穀》所論也不離施政得失，並及對《春秋》書法的詮釋。董仲舒、劉向所論，均認爲哀姜淫亂、陰陽之氣逆亂，是上天降罰的原因。

〔註23〕見《漢魏古注十三經‧春秋經傳集解》，頁 86。

3. 《春秋》襄三十年:「五月甲午,宋災,宋伯姬卒。…七月,叔弓如宋,葬宋共姬。」

三傳、漢三家	解 經 內 容
左 傳	或叫于宋大廟,曰:譆譆出出,鳥鳴于亳社,如曰:譆譆。甲午,宋大災,宋伯姬卒,待姆也。君子謂宋共姬,女而不婦,女待人,婦義事也。(頁288)
公羊傳	外夫人不書葬,此何以書?隱之也。何隱爾?宋災,伯姬卒焉。其稱謚何?賢也。何賢爾?宋伯姬存焉,有司復曰:火至矣,請出。伯姬曰:不可,吾聞之也,婦人夜出,不見傅母不下堂。傅至矣,母未至也,逮乎火而死。(頁151)
穀梁傳	取卒之日,加之災上者,見以災卒也。其見以災卒奈何?伯姬之舍失火,左右曰:夫人少辟火乎?伯姬曰:婦人之義,傅母不在宵不下堂。左右又曰:夫人少辟火乎?伯姬曰:婦人之義,保母不在,宵不下堂。遂逮乎火而死。婦人以貞為行者也,伯姬之婦道盡矣。詳其事,賢伯姬也。(頁122)
董仲舒	董仲舒以為伯姬如宋五年〔註24〕,宋恭公卒,伯姬幽居守節三十餘年,又憂傷國家之患禍,積陰生陽,故火生災也。(頁1326)
劉 向	劉向以為先是宋公聽讒而殺太子痤,應火不炎上之罰也。(頁1326)
劉 歆	無說。

　　共姬死於火災,《左傳》引君子之言,謂其「女而不婦」,又說:「女待人,婦義事也」。杜注曰:「女待人,待人而行;婦義事也,義從宜也。伯姬時年六十左右。」〔註25〕意謂年輕女子應待姆而行事,婦則應視事情而採取適當的作為,言下之意,伯姬之死是不合宜的,《公》、《穀》均認為《春秋》賢伯姬,三傳意見雖不同,然同屬於評論行事得失的問題。董仲舒、劉向則意在推究火災的起因,董仲舒認為「積陰生陽」,劉向認為宋公失德,「應火不炎上之罰」,二者同為陰陽五行的感應問題。

　　由以上所論述,三傳解經(或論史),是從各自對所謂《春秋》的書法義例和歷史問題的掌握,作出各自的解釋和敘述;而西漢春秋學家則不然,他

〔註24〕根據顏師古考據:「(伯姬)成九年歸于宋,十五年而宋公卒。今云如宋五年,則是轉寫誤。」見《漢書·五行志》,頁1326師古注。
〔註25〕見《漢魏古注十三經·春秋經傳集解》,頁288。

們所關心的是導致這些災異的所以然之故，他們所強調的不僅爲事件發展過程的因果關係，更重要的是人與陰陽五行與天的互動關係，其濃厚的陰陽五行色彩，隨處可見。

二、西漢學者以災異說《春秋》的意義及其致用

　　所謂見災修省是指災異發生時，在位者體察天心，戒愼恐懼的謀求修正其失。筆者曾撰〈由帝紀記事較論馬班之災異思想〉一文，其中第一、三節均涉及西漢的災異事件及在位者的因應措施，可以看出西漢皇帝對災異多抱持著戒愼的態度，相較於其他朝代而言，西漢無昏庸或暴虐的皇帝，不能不歸功於西漢經師講經說法，提倡奉天法古以及陰陽災祥的警戒，每有災異，君主下詔罪己，常選舉賢良、方正直言極諫之士，策問爲政之方。賢良文學、公卿大臣則借災異直言不諱。〔註26〕

　　如董仲舒曾說：「《春秋》之道，舉往以明來，是故，天下有物，視《春秋》所舉與同比者，精微眇以存其意，通倫類以貫其理，天地之變，國家之事，粲然皆見，亡所疑矣。……」〔註27〕明白的揭出他「舉往以明來」的取鑑精神，即利用歷史事件的對照，透過對歷史上災異原因的析論，使人認清當前的形勢和問題，也就是「通倫類以貫其理」，利用歷史的類比，以爲時君取鑑，避免其重蹈覆轍。如建元六年四月高園便殿火、六月遼東高廟災，董仲舒以《春秋》所載哀公三年桓宮、釐宮災爲鑑，提出於禮不當立者，天乃戒之，更由此推測出天意至公，非太平至公不能治之論。他說：

> 按《春秋》魯定公、哀公時，季氏之惡已孰，而孔子之聖方盛。夫
> 以盛聖而易孰惡，季孫雖重，魯君雖輕，其勢可成也。故定公二年
> 五月兩觀災。兩觀，僭禮之物，天災之者，若曰，僭禮之臣可以去。
> 已見罪徵，而後告可去，此天意也。定公不之省。至哀公三年五月，
> 桓宮、釐宮災。二者同事，所爲一也，若曰燔貴而去不義云爾。哀
> 公未能見，故四年六月亳社災。兩觀、桓、釐廟、亳社，四者皆不
> 當立，天皆燔其不當立者以示魯，欲其去亂臣而用聖人也。季氏亡
> 道久矣，前是天不見災者，魯未有賢聖臣，雖欲去季孫，其力不能，
> 昭公是也。至定、哀乃見之，其時可也。不時不見，天之道也。今

〔註26〕見《文與哲》，第 6 期，2005 年 6 月。頁 99～115；頁 119～138。
〔註27〕見《漢書‧五行志》，頁 1332。

高廟不當居遼東，高園殿不當居陵旁，於禮亦不當立，與魯所災同。
其不當立久矣，至於陛下時天乃災之者，殆亦其時可也。昔秦受亡
周之敝，而亡以化之；漢受亡秦之敝，又亡以化之。夫繼二敝之後，
承其下流，兼受其猥，難治甚矣。又多兄弟親戚骨肉之連，驕揚奢
侈恣睢者眾，所謂重難之時者也。陛下正當大敝之後，又遭重難之
時，甚可憂也。故天災若語陛下：「當今之世，雖敝而重難，非以太
平至公，不能治也。視親戚貴屬在諸侯遠正最甚者，忍而誅之，如
吾燔遼（東）高廟乃可；視近臣在國中處旁仄及貴而不正者，忍而
誅之，如吾燔高園殿乃可」云爾。在外而不正者，雖貴如高廟，猶
災燔之，況諸侯乎！在內不正者，雖貴如高園殿，猶燔災之，況大
臣乎！此天意也。罪在外者天災外，罪在內者天災內，燔甚罪當重，
燔簡罪當輕，承天意之道也。〔註28〕

在這一大段奏章中，董仲舒認為魯定公、哀公之時季氏之惡已孰，且有孔子
之聖可代季氏為政，定公不去季氏，天災兩觀以警告他，哀公又不去季氏，
天又災桓、釐廟戒之，哀公又不能見，再災亳社。董仲舒說明前此不災，是
因為時機不成熟，魯國未有賢聖之臣。以此對照西漢情勢，立國以來，諸侯
王、貴戚、重臣，往往僭禮，董仲舒認為武帝時時機已成熟，應加裁抑，故
天災高園及高廟以示警。尋繹其所論，西漢的國勢雖非魯國可比，但僭禮之
事太多，驕奢過度，幾次火災的關係，確實值得警惕，故董仲舒以此類比，
提出大膽的建言。

對兩觀、桓、釐廟及亳社的幾次火災，三傳之解說如下：

1.定公二年雉門及兩觀災。

三　傳	解　經　內　容
左　傳	無說。
公羊傳	其言雉門及兩觀何？兩觀微也。然則何不言雉門災及兩觀，主災者兩觀也。何以書？記災也。（頁176）
穀梁傳	其不言雉門災及兩觀，何也？災自兩觀始也。不以尊親者災也，言雉門尊尊也。（頁140）

〔註28〕見《漢書・五行志》，頁1332～1333。

2.哀公三年桓宮釐宮災。

三　傳	解　經　內　容
左　傳	司鐸（宮名）火，火踰公宮，桓僖災，救火者皆曰顧府。南宮叔敬至，命周人出御書，俟於宮，曰：「庀女而不在，死。」子服景伯至，命宰人出禮書，以待命，命不共有常刑。…公父文伯至，命人駕乘車。季桓子至，御公子於象魏之外，命救火者傷人則止。財可為也，命藏象魏，曰：「舊章不可亡也。」富父槐至，曰：「無備而官辦者，猶拾瀋也。」於是乎取表之稿，道還公宮。孔子在陳聞火，曰：「其桓僖乎。」（杜注：言桓僖親盡而廟不毀，宜為天所災）。（頁414～415）
公羊傳	此皆毀廟也，其言災何？復立也。曷為不言其復立，《春秋》見者不復見也。何以不言及，敵也。何以書？記災也。（頁188）
穀梁傳	言及，則設有尊卑，由我言之，則一也。（頁150）

3.哀公四年亳社災。（《公羊傳》經作「蒲社災」）

三　傳	解　經　內　容
左　傳	無說。
公羊傳	蒲社者何？亡國之社也。社者封也，其言災何？亡國之社蓋揜之，揜其上而柴其下。蒲社災，何以書？記災也。（頁189）
穀梁傳	亳社者，亳之社也。亳，亡國也，亡國之廟以為廟，屏，戒也。其屋亡國之社，不得上達也。（頁151）

　　以上數起火災，三傳所載，只有桓釐廟的火災，《左傳》所載孔子之言，依杜注可能有天人感應之意，但《左傳》並未就孔子之言抒論，只是加以載錄而已。《公羊傳》、《穀梁傳》之文都只是就史事和書法的問題說明，完全未涉及這幾起火災與季氏專權有什麼關係，更談不上以此為上天的一再譴告。由此觀之，將這幾起火災視為上天的譴告，完全是董仲舒的發揮。

　　無獨有偶的是，劉向對當時事情也有相類的論見。如：

　　元鳳四年五月丁丑，孝文廟正殿災。劉向以為孝文，太宗之君，與成周宣榭火同義。先是，皇后父車騎將軍上官安、安父左將軍桀謀為逆，大將軍霍光誅之。皇后以光外孫，年少不知，居位如故。光欲后有子，因上侍疾醫言，禁內後宮皆不得進，唯皇后顓寢。皇后年六歲而立，十三年而昭帝崩，遂絕繼嗣。光執朝政，猶周公之攝也。是歲正月，上加元服，通《詩》、《尚書》，有明恕之性。光亡周公之德，秉政九年，久於周公，上既已冠而不歸政，將為國害。故正月加元服，五月而災見。古之廟皆在城中，孝文廟始出居外，天

戒若曰，去貴而不正者。宣帝既立，光猶攝政，驕溢過制，至妻顯
殺許皇后，光聞而不討，後遂誅滅。〔註29〕

劉向這一段話根據成周宣榭火而作推論。成周宣榭火發生在宣公十六年，三
傳之記載如下：

三　傳	解　經　內　容
左　傳	成周宣榭火，人火之也。凡火，人火曰火，天火曰災。（頁178）
公羊傳	成周者何？宣宮之謝。何言乎成周宣謝災？樂器藏焉爾。成周宣謝災，何以書？記災也。外災不書，此何以書？新周也。（頁118）
穀梁傳	周災，不志也。其曰宣榭，何也？以樂之所藏，目之也。（頁92）

三傳所論，只是書法義例或宣榭之意的簡單說明，完全未涉及天人的感
應。而劉向、董仲舒均以為「十五年王札子殺召伯、毛伯，天子不能誅。天
戒若曰，不能行政令，何以禮樂為而藏之？」〔註30〕認為天子不能誅王札子，
故天災藏放樂器的宣榭以警之。劉向又以孝文廟正殿災類比成周宣榭火，孝
文帝雖貴為太宗，廟不當居於城外，故天災之。同理，霍光雖貴為輔政大臣，
昭帝成年，霍光不歸政；及宣帝既立，霍光仍驕溢過制，終致誅滅。這些都
明確指陳所對應的人事問題，以之為天意譴告的結果。又如：

高后二年正月，武都山崩，殺六百七十人，地震至八月乃止。文帝
元年四月，齊楚地山二十九所同日俱大發水，潰出，劉向以為近水
沴土也。天戒若曰，勿盛齊楚之君，今失制度將為亂。……至景帝
三年，齊楚七國起兵百餘萬，漢皆破之。春秋四國同日災，漢七國
同日眾山潰，咸被其害，不畏天威之明效也。〔註31〕

成帝河平三年二月丙戌，犍為柏江山崩，皆廱江水，江水逆流壞城，
殺十三人，地震積二十一日，百二十四動。元延三年四月丙寅，署
郡岷山崩，廱江，江水逆流，三日乃通。劉向以為周時岐山崩，三
川竭，而幽王亡。岐山者，周所興也。漢家本起於蜀漢，今所起之
地山崩川竭，星孛又及攝提、大角，從參至辰，殆必亡矣。〔註32〕

───────────────

〔註29〕見《漢書‧五行志》，頁1335。
〔註30〕見《漢書‧五行志》，頁1323。
〔註31〕見《漢書‧五行志》，頁1457。
〔註32〕見《漢書‧五行志》，頁1457。

這兩段記載同樣是以歷史類比的方式，前文以高后、文帝時地震，類比春秋時地震，認爲當事者「不畏天威」，才導致七國起兵被破。後文則因西周岐山崩、三川竭而滅亡之事，擔憂漢家所起之地蜀漢亦山崩川竭，大概也將亡國了，希望當政者以古鑑今，引以爲戒。

蓋劉向爲漢宗室，對西漢政權操於權臣、外戚，憂心忡忡，故類此指火災爲上天譴告無道之臣的言論甚多，究其目的，實在於借古諷今，以前車之鑑，警告成帝避免外戚王鳳、王根等的專權擅朝。劉向所論方之於董仲舒，頗有異曲而同工之妙。

凡此種種，可知他們論《春秋》災異，多以歷史的類比，分析當前的危機。它與史書之差別，在於史書著意於人事得失的探討，而《春秋》災異論重在天意的體認。就鑑古知今的精神而言，則《春秋》災異論與史學並無二致。

三、西漢學者以災異說《春秋》的歧義與矛盾

董仲舒、劉向等並無政治立場的出入，企圖以災異的解釋，勸誘人主戒懼修省的苦心更無二致，但他們對《春秋》中的災異，往往有各自的觀點。茲以董仲舒、劉向歆等認爲魯三家專權所引發的災異爲例，表列如次：

春秋災異內容	五行志所載學者論譴告內容	學者論致災異之原因
釐公二年「十月，隕霜不殺草」	爲嗣君微，失秉事之象也。其後卒在臣下，則災爲之生矣。異故言草，災故言菽，重殺穀。一曰菽，草之難殺者也，言殺菽，知草皆死也；言不殺草，知菽亦不死也。	君微
	董仲舒以爲菽，草之彊者，天戒若曰：加誅於彊臣。言菽，以微見季氏之罰也。（頁 1426）	臣彊
僖公十五年「九月己卯晦，震夷伯之廟」。	劉向以爲晦，暝也；震，雷也。夷伯，世大夫，正（晝）雷，其廟獨冥。天戒若曰：勿使大夫世官，將專事暝晦。明年公子季友卒，果世官，政在季氏。至成公十六年「六月甲午晦」，正晝皆暝，陰爲陽，臣制君也。成公不寤，其多季氏殺公子偃。季氏萌於釐公，大於成公，此其應也。	戒世官之害
	董仲舒以爲夷伯，季氏之孚也，陪臣不當有廟。震者雷也，晦暝，雷擊其廟，明當絕去僭差之類也。 向又以此皆所謂夜妖者也。	當去僭差

	劉歆以爲《春秋》及朔言朔，及晦言晦，人道所不及，則天震之。展氏有隱慝，故天加誅於其祖夷伯之廟以譴告之也。（頁1445）	戒展氏
僖公三十三年，「十二月，隕霜不殺草」	劉歆以爲草妖也。 劉向以爲今十月，周十二月。於《易》，五爲天位，君位，九月陰氣至，五通於天位，其卦爲〈剝〉，剝落萬物，始大殺矣，明陰從陽命，臣受君令而後殺也。今十月隕霜而不能殺草，此君誅不行，舒緩之應也。是時公子遂顓權，三桓始世官，天戒若曰：「自此之後，將皆爲亂矣。」文公不寤，其後遂殺子赤，三家遂逐昭公。 董仲舒指略同。（頁1409）	君誅不行
僖公三十三年「十二月，李梅實」。	劉向以爲周十二月，今十月也，李梅當剝落，今反華實，近草妖也。先華而後實，不書華，舉重者也。陰成陽事，象臣顓君作威福。一日，多當殺，反生，象驕臣當誅，不行其罰也。故多華者，象臣邪謀有端而不成，至於實，則成矣。是時僖公死，公子遂顓權，文公不寤，後有子赤之變。 董仲舒以爲李梅實，臣下彊也。 劉歆以爲庶徵皆以蟲爲孽，思心羸蟲孽也。李梅實，屬草妖。（頁1412）	臣下顓權 臣下彊
成公三年「二月甲子，新宮災」。	劉向以爲時魯三桓子孫始執國政，宣公欲誅之，恐不能，使大夫公孫歸父如晉謀。未反，宣公死。三家譖歸父於成公。成公父喪未葬，聽讒而逐其父之臣，使奔齊，故天災宣宮，明不用父命之象也。 董仲舒以爲成居喪亡哀戚心，數興兵戰伐，故天災其父廟，示失子道，不能奉宗廟也。（頁1324）	宣不用父命 失子道
成公七年，「正月，鸜鼠食郊牛角；改卜牛，又食其角」。	劉向以爲近青祥。亦牛禍也，不敬而僭霧之所致也。昔周公制禮樂，成周道，故成王命魯郊祀天地，以尊周公。至成公時，三家始顓政，魯將從此衰。天愍周公之德，痛其將有敗亡之禍，故於郊祭而見戒云。鼠，小蟲，性盜竊，鸜又其小者也。牛，大畜，祭天尊物也。角，兵象，在上，君威也。小小鸜鼠，食至尊之牛角，象季氏乃陪臣盜竊之人，將執國命以傷君威而害周公之祀也。改卜牛，	三家專權將害魯政

	鼷鼠又食其角，天重語之也。成公殆慢昏亂，遂君臣更執於晉。至於襄公，晉爲溴梁之會，天下大夫皆奪君政。其後三家逐昭公，卒死于外，幾絕周公之祀。	
	董仲舒以爲鼷鼠食郊牛，皆養牲不謹也。（頁1372）	祭天不愼。
昭公三年「大雨雹」	是時季氏專權，脅君之象見。昭公不寤，後季氏卒逐昭公。（頁1428）	季氏專權
昭公十九年「五月己卯，地震」。	劉向以爲是時季氏將有逐君之變。（頁1453）	季氏將逐君
昭公二十三年「八月乙未，地震」。	劉向以爲是時周景王崩，劉、單立王子猛，尹氏立子朝。其後季氏逐昭公，黑肱叛邾，吳殺其君僚，晉二大夫皆以地叛。（頁1454）	下叛上
昭公二十四年「五月乙未朔，日有食之」。	董仲舒以爲宿在胃，象魯也。後昭公爲季氏所逐。	季氏將逐君
	劉向以爲十五年至此歲，十年間天戒七見，人君猶不寤。後楚殺戎蠻子，晉滅陸渾戎。……（頁1497）	
昭公二十五年「夏有鸛鵒來巢」。	劉歆以爲羽蟲之孽，其色黑，又黑祥也，視不明聽不聰之罰也。劉向以爲有蜚有蜮不言來者，氣所生，所謂眚也；鸛鵒言來者，氣所致，所謂祥也。鸛鵒，夷狄穴藏之禽，來至中國，不穴而巢，陰居陽位，象季氏將逐昭公，去公室而居於外野也。鸛鵒白羽，旱之祥也；穴居而好水色黑，爲主急之應也。天戒若曰：既失眾，不可急暴；急暴，陰將持節揚以逐爾，去宮室而居外野矣。昭不寤，而舉兵圍季氏，爲季氏所敗。出奔漁齊，遂死于外野。	季氏將逐昭公
	董仲舒指略同。（頁1414～1415）	
定公元年「十月，隕霜殺菽」。	劉向以爲周十月，今八月也，消卦爲〈觀〉，陰氣未至君位而殺，誅罰不由君出，在臣下之象也。是時季氏逐昭公，公死于外，定公得立，故天見災以視公也。釐公二年「十月，隕霜不殺草」爲嗣君微，失秉事之象也。其後卒在臣下，則災爲之生矣。異故言草，災故言菽，重殺穀。	誅罰在臣下
	董仲舒以爲菽，草之彊者，天戒若曰：加誅於彊臣。言菽，以微見季氏之罰也。（頁1426）	臣子彊

由上表的對照，明顯可見，災異的解釋出現幾種現象：

1. 學者推論不同。不同學者對同一歷史事件，常有不同的災異譴告的推論，容易令人對所謂天戒與人事間的對應關係，不得不產生質疑。如成公三年「二月甲子，新宮災」，董仲舒認為是成公居喪不哀，失去為子之道所導致的；劉向認為是起於成公聽信讒言，逐其父之臣所導致的，令人莫衷一是。

2. 譴告方式不定。《春秋》所載災異事實甚多，設若這些都是天心愛人，對人的過失所發出的警告，宜就過失的性質發出相應類型的災異。然而，如上表所列，董仲舒等推論為與三家專權有關的災異譴告，包括火災、牛禍、十二月隕霜不殺草、十二月李梅實……等，難免給人紛繁殽亂的印象，究竟天意對臣下專權的「陰侵陽」現象，是用那一種方式譴告，令人無從究詰。

3. 輕重不相應。上表顯示災異的發生，並不如董仲舒所謂「國家將有失敗之道，而天乃出災異以譴告之；不知反省，又出怪異以警懼之；尚不知變，而傷敗乃至」〔註33〕的順序。若如其所論，三家專權越來越甚，災異應越來越嚴重，然上表災異的發生，卻沒有時間越後災異越嚴重的情形。如前述十月「不殺草」與「殺菽」之外，釐三十三年十二月，又有「隕霜不殺草」、「李梅實」之記載，前後經過三十一年，仍重複同類型災異；昭十九年地震、昭二十三年地震，亦為同類型；加上昭二十四年日食，昭二十五年鸜鵒來巢的災異觀之，這些顯然與董仲舒所言譴告原則不相應。這也令人不得不質疑是否真有所謂譴告，或是譴告是否如其所論。

4. 相反的災異，對應相同人事。此類解釋不免失之主觀或矛盾，如上表第一列僖二年十月，「隕霜不殺草」，依四時節氣變化，此時霜降草木枯萎，「不殺草」指草未按時序枯萎，以此象徵「君嗣微」、「其後卒在臣下」。上表最後一列定元年十月，「隕霜殺菽」，菽比草不易枯，微霜只能殺草，嚴霜才能殺菽，以此對照僖二年之論，這就應該說「誅罰過甚，有暴虐之象」，而劉向卻謂此象「誅罰不由君出，在臣下之象也。」同樣是十月隕霜的譴告，「不殺草」、「殺菽」（陰氣太輕、太重）都說是大權操在臣下之意。如此推論，難免令人質疑似乎任何災異都可以指向大權操在臣下的主觀意向。

5. 寬於責上，嚴於責下。就上表所述，昭公之逐，起於季、郈鬥雞結怨，昭公聽讒伐季氏。季氏請囚、請亡，昭公皆不許，必欲殺之，結果反為

〔註33〕見《漢書・董仲舒傳》，頁 2498。

三桓所逐，死于乾侯。〔註34〕此事在當時的輿論並不同情昭公。〔註35〕以當時人所論，相較於漢代學者所論，顯見西漢學者推衍《春秋》災異，傾向在既有形勢下約束君權，未能尋求裁制君權的根本之道。且對不同的災異現象都說成三桓專權所致，把責任都歸於臣下，過於強調「善皆歸於君，惡皆歸於臣」〔註36〕，與傳統儒者「以爲人主天下之儀表，主倡而臣和，主先而臣隨」〔註37〕的觀念，截然異趣。

四、結　語

　　綜合上文的比較與分析，董仲舒與劉向歆父子對《春秋》災異的詮釋，與三傳截然異趣的傾向，相當明確。他們以天人感應的角度推衍《春秋》災異，利用「天戒」與「經典」的權威，在當時政治實務中，曾經產生一定的作用。

　　但是，尋繹董仲舒等人對天人感應的闡述，實多災異現象的類比及主觀推論而甚少涉及知天方法的說明。由於缺乏知天的方法論，無法有系統的建立知天的知識，累積知天經驗，進而眞正掌握災異譴告的眞意。董仲舒對此

〔註34〕詳見《漢魏古注十三經‧左傳‧昭公二十五-三十二年》，頁370～388。
〔註35〕如范獻子曰：「季孫未知其罪而君伐之。請囚、請亡，於是乎不獲。君又弗克，而自出也。夫豈無備而能出君乎？季氏之復，天救之也，休公徒之怒而啓叔孫氏之心。不然，豈其伐人而說甲執冰以游。叔孫氏懼禍之濫。而自同於季氏，天之道也。魯君守齊，三年而無成。季氏甚得其民，淮夷與之。有十年之備、有齊楚之援、有天之贊、有民之助、有列國之權而弗敢宣也。事君如在國，……」（《漢魏古注十三經‧左傳‧昭公二十七年》，頁378）所謂「未知其罪」其實是認爲季氏無罪，范獻子認爲昭公聽信讒言，又不許季氏出亡，季氏聯合三家逐昭公的作爲是正確的，故能「有齊楚之援、有天之贊、有民之助、有列國之權」。又史墨曰：「季氏出其君而民服焉，諸侯與之。君死於外，而莫之或罪也。對曰：物生有兩、有三、有五、有陪貳，故天有三辰、地有五行、體有左右，各有妃耦。王有公、諸侯有卿，皆有貳也。天生季氏，以貳魯君，爲日久矣，民之服焉，不亦宜乎？魯君世從其失，季氏世修其勤，民忘君矣，雖死於外，其誰矜之。社稷無常奉，君臣無常位，自古以然。…（季友）有大功於魯，受費以爲上卿，至於文子、武子，世增其業，不廢舊績。魯文公薨，而東門遂殺嫡立庶，魯君於是乎失國，政在季氏，於此四君也，四公矣，民不知君，何以得國。」（《漢魏古注十三經‧左傳‧昭公三十二年》，頁387～388）史墨對魯君之失與季氏對魯國的貢獻都有說明，並且認爲「社稷無常奉，君臣無常位」，魯四世國君都無所作爲，頗有季氏可取而代之之意。
〔註36〕見氏著、蘇輿撰：《春秋繁露義證‧陰陽尊卑》（北京：中華書局，1992），頁325。
〔註37〕見《史記‧太史公自序》，頁3289。

一問題的解釋是：「天地神明之心，與人事成敗之真，固莫之能見也，唯聖人能見之。」〔註 38〕以為天地神明之心，唯聖人能見之，一般人不能見，也不能體察，所以只要效法聖人所為而為，不必問其所以然之故，董仲舒認為即使問了也是不明白，不如不問。〔註 39〕而且，即使是聖人，也非無所不知，曾曰：「天意難見」、「其道難理」，所述「觀」、「辨」的方法，是陰陽二氣之消長與五行之相生相克。〔註 40〕然氣既無形，對陰陽入出虛實的體察，董仲舒甚少論及具體的經驗，對五行生克也只是將人倫制度，主觀的類比於五行的關係上而已。〔註 41〕這些問題，亦不見劉向、歆父子的闡述。

由於缺少知天方法的論述，對一般人而言，天心終是遙不可及，難以體會的；而他們對同一災異解釋的歧義，影響所及，則可能因人言言殊令人無所適從，也可能導致各是其所是而互相攻訐。

〔註 38〕 見《春秋繁露・郊語》，頁 397。

〔註 39〕 其言曰：「聖人者，見人之所不見者也，故聖人之言亦可畏也。…」「問聖人者，問其所為而無問其所以為也。」問其所以為，終弗能見，不如勿問。問為而為之，所不為而勿為，是與聖人同實也，何過之有？《詩》云：「不愆不忘，率由舊章。」舊章者，先聖人之故文章也。率由，各有修從之也。」見《春秋繁露・郊語》，頁 397。

〔註 40〕 董仲舒之論曰：「夫王者不可以不知天。知天，詩人所難也，天意難見也，其道難理。是故明陽陰入出實虛之處，所以觀天之志。辨五行之本末順逆，小大廣狹，所以觀天道也。」所謂「詩人」，就董仲舒的經論而言，應為作《詩》者，也就是作經之聖人。此意見於「故聖人之於鬼神也，畏之而不敢欺也，信之而不獨任，事之而不專恃。恃其公，報有德也；幸其不私，與人福也。…正直者得福，不正者不得福，此其法也。以《詩》為天下法矣。何謂不法哉？其辭直而重，有再歎之，欲人省其意也。」聖人之法是以詩為天下法，故作詩者即作經之聖人。見《春秋繁露・天地陰陽・祭義》，頁 467；頁 442。

〔註 41〕 詳見拙著：〈西漢經學災異思想研究〉（高雄：中山大學中國文學系博士論文，2004），頁 154～156。

附錄二：論章實齋之準經衡史

前　言

　　所謂浙西尚博雅，〔註1〕自顧炎武以來至乾嘉考據學者，皆謂「道在六經」。顧炎武有「古之所謂理學，經學也，非數十年不能通也。」〔註2〕之說，戴東原之論學亦曰：「故訓明則古經明，古經明則賢人聖人之理義明，而我心之所同然者，乃因之而明。」〔註3〕因此，學者相率從事於經學考證。而浙東學術，依章實齋之說，自黃梨洲以來，歷二萬、全祖望、以至其本人，皆兼通史學以究性命之學。〔註4〕因此論者多以浙東史學與浙西經學相對，甚至謂「浙東學派」是實齋面臨戴震經學考據的壓力，有意爭衡，而於晚年追認的學術傳統。〔註5〕

〔註1〕實齋於〈浙東學術〉一文中曾言：「浙東貴專家，浙西尚博雅，各因其習而習也。」參見章學誠著：《文史通義》（上海：上海古籍出版社，倉修良新編本，1993），頁69；以下凡引本書僅標《新篇》、篇名、頁碼。

〔註2〕見《顧亭林文集・與施愚山書》（臺北：漢京文化事業有限公司，1984），頁58。

〔註3〕見《戴震集・題惠定宇先生授經圖》（臺北：里仁書局，1980），頁58。

〔註4〕〈浙東學術〉言：「浙東學術，言性命者必究於史，此其所以卓也。」實齋所論之道雖與宋明儒異趣，並非不關心性命的問題。

〔註5〕「晚年追認」之說，始於倪文孫《章學誠的生活與思想》一書，提出實齋對浙東學派之自我認同，只能看作一種晚年追認之論的看法，參見 David S. Nivison，The Life and Thought of Chang Hsueh- ch'eng （1738～1801），Stanford：Stanford University Press，1966，PP.249～250。其後余英時更從心理學層面分析實齋之成學過程，認爲這是爲對抗戴震浙西之經學考證而建立

　　不論浙東與浙西是否爲宗旨完全不同的學派，論浙東學術強調史學則是研究者共同的趨勢。尤其章實齋提出「六經皆史」之說，對於道的認識，提出自成系統的解釋，而於史學體例、史學理論、方志學、譜牒學等方面，實齋又提出許多精湛的言論，實齋爲浙東史學的殿軍、浙東學派的集大成者之說，遂深入人心。〔註6〕

　　至詹海雲先生撰〈清代浙東學者的經學特色〉一文，則從經學角度指出清代學者經學方面的成就。認爲「不了解清代浙東學者在經學上的貢獻，無法解析清代浙東學術的發展脈絡。」〔註7〕是以更宏觀的角度審視浙東學術。然而，詹先生雖注意到浙東學者治經有輝煌的成績，然認爲梨洲「經史並重」的學風，實齋轉成「史重於經」（同上，頁 144）之說，則尚可進一步詮釋。拙文以爲實齋所謂「史重於經」，應指實齋所研究之內容而非實齋之學術精神。就《文史通義》一書中之議論言，其中論述雖多鍼砭當時考證之流弊，〔註8〕但精神卻似並非單純只爲對抗經學。正好相反，實齋所強調的治道及六藝經學，顯然亦有黃金古代、法治備於三代的經學傳統觀念；而其推尊時王、提倡治教合一等主張，又與史家所應秉持的史學態度扞格不入。

　　歷來因對實齋的經學立場未加細論，故對於章實齋史學方面的研究也不無曲解之處。本文因此企圖檢視實齋書中主要議論，希望藉由對實齋學術思想性質的重新探討，釐清向來爲人所忽略的實齋學術性質的部份問題。本文主要的論點在於：雖然實齋論學重點在史學，其目的卻在建立時代的新經學，因此，拙文認爲實齋學術具有一種「準經衡史」之特色。全文共分兩個重點：一由實齋之思想，以闡明實齋學術立基於經學的觀點及通經致用之學術傾向；二則指出實齋論史，往往受限於其經學觀念，致使其所論不全合乎現代

　　　浙東史學傳統。見余英時著：《論戴震與章學誠》，（臺北：東大圖書公司，1996），頁 53～94。

〔註6〕除杜維運推崇實齋爲集中國史學大成之人物之外；余英時謂之爲二千年來惟一的歷史哲學家，見氏著：《歷史與思想》（臺北：聯經出版事業公司，1979），頁 209。倉修良詮釋實齋「六經皆史」論，「將這幾部儒家著作（六經）拉到與史並列的地位，恢復了它們作爲史書的本來面貌。」見氏著：《章實齋評傳》（江蘇：南京大學出版社，1996），頁 174。這些論見都是從史學方面肯定實齋學術思想的價值。雖然他們推崇實齋的原因不同，但肯定實齋的史學成就，是學界對實齋學術思想的普遍評價。

〔註7〕見《清代經學國際研討會論文集》（臺北：中研院文哲所，1994 年），頁 133。

〔註8〕實齋著〈朱陸〉、〈浙東學術〉等篇章，批評乾嘉考據學，對東原學術之流弊及心術問題，指陳尤詳。

史學所強調之求實精神。

一、實齋學術之經學傾向及其特色

　　經世為中國儒學的重要傳統，實齋論學亦然。唯實齋合「史」於經，倡言「史學經世」，卻不止於彰善癉惡、資治、取鑒等傳統的史學觀念與經世途徑。他曾言：

> 史家之書，非徒紀事，亦以明道也。如使〈儒林〉、〈文苑〉不能發明道要，但敘學人才士一二盛事，已失古人命篇之義矣。(《新編‧永清縣志前志列傳序例》，頁 833)

認為史書應以明道為先。又說：

> 事變之出於後者，六經不能言，固貴約六經之旨，而隨時撰述以究大道也。(《新編‧原道下》，頁 54)

> 以夫子義則竊取之旨觀之，固將綱紀天人，推明大道，所以通古今之變而成一家之言者。(《新編‧答客問上》，頁 168～169)

他這兩段話的意旨，認為史學的作用，必要能綱紀天人、推明大道、通古今之變。史學不僅止為傳統儒學經世之目的而存在，亦應兼有探討大道的意圖。因此，我們若要探求實齋史學經世的內涵及理論，必須先明實齋對道的觀念。

　　對「道體」的問題，實齋存而不論，他曾說：「天地之前，則吾不得而知也。」(《新編‧原道上》，頁 43)；實齋論道重視其在人文界發展一面，認為道是發展性的，漸形漸著，而且道的發展，其中具有「不得不然之勢」(同上)。〔註 9〕聖人之偉大，在於能有見於此「不得不然之勢」，而設立制度。在整個歷史長河之中，道的發展，實齋分為三代以前與三代以後兩個部份。三代以前的道，至周代而「大備」，而周公以其「天縱生知之聖」(《新編‧原道上》，頁 45) 而集大成；又說孔子「有德無位」，缺乏「制作」的條件，因而述周公之學以教後世。

　　實齋對於古代學術思想，強調周公集大成、聖王成聖治，官師合一、治教合一等，由這些基本觀念實齋推衍出「六經皆史」之論，而由六經皆周公政典，則又推衍出當今時王之制度雖無經之名，當代臣民亦皆當「率由不越」

〔註 9〕關於實齋道論的特質，參閱戴師景賢著：〈章實齋「道」與「理」之觀念及其推衍〉，《第一屆全國清代學術研討會》(高雄：中山大學中國文學系，1989)，頁 147～155；鄭吉雄著：〈論章學誠的「道」與經世思想〉，《臺大中文學報》第五期，1992 年 6 月，頁 303～328。

的致用之論。以下分別述之。

（一）推尊三代

實齋雖以道之發展，有不得不然之勢，卻有至周已發展成熟的崇古心理。說：

> 周公成文武之德，適當帝全王備，殷因夏監至於無可復加之際，故得藉爲制作典章，而以周道集古聖之成，斯乃所謂集大成也。（《新編‧原道上》，頁 45）

史學與經學的基本差異，在經學推崇「聖訓」，史學則求事實。今文學家認爲經之所以崇高，在於經聖人筆削之後，寓涵微言大義；古文學家雖不講微言大義，要亦謹守「道在六經」的觀念。而史學則破除先入爲主的判斷，力求在歷史實事中探討眞相。實齋卻以三代「法」、「道」（實指文化）的發展，已至「無可復加」。他又說：

> 自有天地而至唐、虞、夏、商，跡既多而窮變通久之理亦大備。周公以天縱生知之聖，而適當積古留傳道法大備之時，是以經綸制作，集千古之大成，則亦時會使然，非周公之聖智能使之然也。（同上）

實齋認爲由於時機成熟，加上周公的制作，然後能集千古之大成，故三代之時，道即體現在六經之中；而後世因德衰，道的體現反而紛歧，他說「六經未嘗離器言道，道德之衰，道始因人而異其名」（《新編‧與陳鑑亭論學》，頁 588）。雖然實齋未嘗明言後世不如三代，但嚮往三代的崇古心理則甚爲明顯。

就道與六經的關係而言，實齋一方面說「道之大原出於天」（《新編‧說林》，頁 147），旨在強調道由自然而出，自然隨時而變，道也就非一成不變，固不可能盡在六經之中；然另一方面又說六經皆爲可守之器（詳見〈原道中〉），故《文史通義》內篇中首列〈易教〉、〈書教〉、〈詩教〉、〈禮教〉，以六經出於得位得道的聖王典章，雖然「事變之出於後者，六經不能言」（《新編‧原道下》，頁 54），須在史學的著述中推明大道，然史學的撰述仍「貴約六經之旨，而隨時撰述以究大道」（同上）。準此而論，實齋雖倡以史明道，並非純粹在古今的事變中推求道的變化和發展，而卻似預設立場，仍要以六經的價值標準來撰史。這就是實齋雖講史學，卻跳不出聖人制作的觀念。

實齋不僅在制度上推崇三代聖人之制作，在撰述的態度上，實齋亦不能擺脫經學價值觀念的束縛，必責史家以「六義比興」之旨爲依歸（詳第二節）。另一方面，實齋對所謂的記注與撰述，也受時代因素影響價值判斷，如對三

代的史書撰述和史料收集制度，就極為推崇。他說：

> 三代以上，記注有成法而撰述無定名。三代以下，撰述有定名而記
> 注無成法。夫記注無成法，則取材也難，撰述有定名，則成書也易。
> 成書易則文勝質矣；取材難則偽亂真矣。（《新編·書教》上，頁10）

把古今載籍，以記注和撰述兩類加以區分，吳天任認為是實齋的一大貢獻。
〔註10〕但言三代以上記注有成法，或許不錯；言三代以下記注無成法，則
大謬不然。兩漢以下記注制度之日漸具體細密，起居注、實錄至今多有留傳。
〔註11〕實齋刻意提高三代史官制度之價值，否定三代以下史官記注制度之事
實與史學價值，表現在論史體之言，尤為明顯。實齋謂三代以下史書「撰述
有定名」的流弊是「文勝質」，他所肯定的是因事命篇的《尚書》一體。然
劉知幾《史通·六家·二體》中，〔註12〕已提出《左傳》（編年）、《史記》
（紀傳）兩種體裁為古史之正宗，《尚書》為例不純。實齋反而認為編年的
《左傳》以文徇例，不如《尚書》「因事命篇」、「神明變化」（詳見〈書教下〉）。
以史學眼光衡論二人之觀點，《尚書》中有典、謨、訓、誥、誓、命之文，
地理、災祥、喪禮之書，又不乏後人所增益者，誠屬為例不純；實齋則置此
不論，極力推崇其「因事命篇」之意，甚至推崇及於袁樞《紀事本末》，說
它「體圓而用神」，是「真《尚書》之遺」（同上），這些都顯露了實齋過度
推崇三代，至以《尚書》之體也是無可復加。〔註13〕

（二）崇周公過於孔子

實齋自述他道器合一的觀點，是從分別周公與孔子在學術中的地位不同
而獲致的，他說：

> 故知道器合一，方可言學；道器合一之故，必求端於周孔之分，此
> 實古今學術之要旨，而前人於此，言議或有未盡也。（《新編·與陳
> 鑑亭論學》，頁588）

周、孔之分別，代表政教之分別。歷來對孔子的看法，以其為聖之時者的集
大成人物；而在經學上，漢代今文經師亦有類似「孔子以前，不得有經」、「孔

〔註10〕 參見氏著：《章實齋的史學》（臺北：臺灣商務印書館，1979），頁12。
〔註11〕 劉節著：《中國史學史稿》一書指出：史家撰述都以記注為底本，已成為作正
史的規定方法。（臺北：宏文館，1986），頁83。此外此書各節所列各代起居
注表及史官制度表，亦足以說明實齋之論無據。
〔註12〕 《史通》（臺北：世界書局，1973）。
〔註13〕 說見錢穆著：《中國史學名著》（臺北：三民書局，1983），頁327～328。

子作經以教萬世」〔註14〕的看法。而實齋對此頗持異議，他認為：

六藝皆周公之政典，故立為經。(《新編・經解下》，頁 40)

孔子有德無位，即無從得制作之權，不得列於一成，安有大成可集乎？(《新編・原道上》，頁 45)

實齋以六藝為後世學術的根源，但不承認六藝為孔子之書，而是周公致太平的舊典，是周代官吏所掌的典籍。認為學者不明此理，對周、孔的地位認識不清，致使學術的發展產生流弊。他說：「然學術之未進於古，正坐儒者流誤欲法六經而師孔子耳。」(《新編・與陳鑑亭論學》，頁 588)

孔子不過因周之舊典而寄存其教化理想而已，孔子表彰六經，乃是為了明周公之道。孔子有德無位，只能盡周公之道以明教，因此孔子是述而不作，其學乃三代以來道法大備時所形成的典章制度，以之教人，「而不自著為說，以致離器言道也。」(《新編・原道中》，頁 50) 所以在實齋的眼中，「集大成者實為周公而非孔子，孔子雖大如天，亦可一言而盡，孔子於學周公之外更無可言。」(《新編・與陳鑑亭論學》，頁 588)〔註15〕

實齋雖承認「君師分而治教不能合於一，氣數之出於天者也。」(《新編・原道上》，頁 47) 並認為周公與孔子因時會之不同，「語聖則不異」，雖「不可優劣」，當知「治見事實，教則垂空言」，若「盛推孔子，過於堯舜」，必然導致「崇性命而薄事功」(同上，頁 48)。道不行之時，才有「師儒立其教」(《新編・詩教上》，頁 23) 的情形發生。在治教不能合一的情況下，他認為道統應依附於治統，而非治統牽就道統。孔子不得位行道，是孔子之不得已，「學孔子者，當學孔子之所學，不當學孔子之不得已。」(《新編・與陳鑑亭論學》，頁 588) 故實齋又指出：

孔子不得位而行道，述六經以垂教於萬世，孔子之不得已也。後儒非處衰周不可為之世，輒謂師法孔子必當著述以垂後，豈有不得已者乎？何其蔑視同時之人而惓惓於後世耶！(同上)

於此實齋推崇周公過於孔子之目的，似在指出後世學者在治平之世，應求取政治上的致用之道，不必隱身於世宙、人倫之外。

〔註14〕見皮錫瑞著：《經學歷史》(臺北：藝文印書館，1987)，頁 1：頁 11。

〔註15〕此意又見於〈原道〉上：「或問何以一言盡孔子？則曰：學周公而已矣。周公之外別無所學乎？曰：非有學而孔子有所不至；周公既集群聖之成，則周公之外，更無所謂學也。周公集群聖之大成，孔子學而盡周公之道，斯一言也，足以蔽孔子之全體矣。」見《新編》，頁20。

　　但是「官師合一」的制度，是否即中國子學產生的根源？民國以來即不斷有學者加以質疑。胡適之有名的〈諸子不出於王官論〉即是針對此種說法提出異見。〔註16〕實齋的「周孔之分」，只強調古代道統與治統之密切關係，但卻不能看出學術發展本身的獨立價值。〔註17〕

（三）以史合經，進求致用

　　清儒自顧炎武以來多主張道在六經，通經即可明道，乾嘉學者更陷溺在經學的考證之中，而忽其以所以考證之故。實齋則強調古無經史之分，且三代以後的人事變化非六經所能言，因此他提出「史學不明，經師即伏、孔、賈、鄭，祇是得半之道」（《新編・上朱中堂世叔》，頁630），經學所記的只是道在三代以前的情形。故曰「祇得半之道」；三代以下道的發展，必須由歷史發展的軌跡中求之。他說：

> 事變之出於後者，六經不能言，故貴約六經之旨，而隨時撰述以究大道也。（《新編・原道下》，頁54）

又說：

> 夫子述六經以訓後世，亦謂先聖先王之道不可見，六經即其器之可見者也。後人不見先王，當據可守之器而思不可見之道。故表章先王政教與夫官司典守以示人，而不自著爲說，以致離器言道也。（《新編・原道中》，頁50）

三代以下應透過政教與制度的觀察來掌握道的變化，實齋認爲扣緊「可守」的器（「先王政教」、「官司典守」的這些名物制度就是「器」），來講「不可見」的道，較之從「不可見」來講「不可見」更爲踏實。所以實齋重視「即器求道」。將不同時期的器拿來研究其內容、聯繫其關係，從了解「器」進而了解「器」與「器」之間的變化——「道」。〔註18〕

　　名物制度的隨時變化，〈禮教〉篇指出會通之道要追溯淵源，既要考核既往，又貴於開發前蘊，以求知來。實齋說：

〔註16〕詳見《胡適文存》第1集第2卷（臺北：遠東圖書公司，1979），頁20～27。

〔註17〕學者對實齋此論頗有批評，如徐復觀說：「章氏鄙陋的根源之一，係將學術的創發與傳承，完全安放在統治階級之上。」見氏著：《中國經學史之基礎》（臺北：臺灣學生書局，1982），頁51～52。錢穆先生也指出實齋這種缺失，主要源於實齋推重政治權威，輕忽學術獨立價值所致。見氏著：《兩漢經學今古文平議》（臺北：東大圖書公司，1989），頁271。

〔註18〕參見鄭吉雄：〈論章學誠的「道」與經世思想〉，頁313。

> 推其所治之《禮》,而折衷後世之制度,斷以今之所宜,則經濟人倫,
>
> 皆從此出,其為知來,功莫大也。(《新編・禮教》,頁 32)

由此可知實齋所謂「藏往」、「知來」,是指從舊的典章制度中,因革損益,變化出一套適用於當代的制度。此即學古通今,學先王典章即為達時王制度。因此,他說:

> 學者但誦先聖遺言而不達時王之制度,是以文為鐫悅絺繡之玩,而學為鬥奇射覆之資,不復計其實用也。(《新編・史釋》,頁 186)

又說:

> 制度之經,時王之法,一道同風,不必皆以經名。而禮時為大,既為當代臣民,固當率由而不越 ;即服膺六經,亦出遵王制度之一端。
>
> (《新編・經解中》,頁 39)

實齋以六經都是周公致太平之跡,六經記載了道在三代的發展;由此而推衍出後代的制度,是時王的制作,即代表道在後代的發展,具有與六經同等的地位,不必以經名,都是「道」的發展、體現的結果,因此,當代臣民都應遵守。

職是之故,實齋不只認為三代學術導源於政治;更希望當代學術要與政治結合:

> 君子苟有志於學,則必求當代典章以切于人倫日用,必求官司掌故而通于經術精微,則學為實事而文非空言,所謂有體必有用也。(《新編・史釋》,頁 186)

他說六經都是古代的「官司掌故」,那麼我們真要懂得經學,也要從自身現代政府的官司掌故中去求,不要在古經書的文字訓詁中去求。這是因為清人講經學,避去現實政治不講,專在考據古經典上作工夫,實齋乃針對此流弊而提出以史學明道致用。〔註 19〕因此對於後代學術經世、學術發展的方向,實齋自然傾向於學術應為政治服務。對實齋的主張,錢穆先生曾批評其流弊說:

> 當知經術精微,正可用來改革當代典章,正可用來滌蕩官司掌故,而章氏不了解這一點,遂說:「當代典章,(官司)掌故,未有不(可)通於《詩》、《書》六藝之所垂(見〈史釋〉)」。這就成為一種顛倒之說了。〔註 20〕

〔註 19〕見氏著:《中國史學名著》,頁 315。

〔註 20〕見氏著:《中國史學名著》,頁 271。

這個批評正說明實齋所謂經世、所要究明的道，只是站在在位者的立場，究明鞏固政權的治道。

實齋的六經皆史論，重點不在說六經是三代的遺跡，而在強調其爲聖王之制作；所以史學明道的結果，重在推衍出時王制度之當尊崇。由此可知，實齋並不以史學的眼光，把六經當作「史料」，而是把六經視爲「載道之器」，而且實齋把制作六經的主體，從孔子換到周公。

二、實齋撰史之態度及史論之問題

文獻資料必須在一特定理論觀點的觀照、整合之下，構成意義；又按一定體例編撰，形成系統，方稱得上史學。就史學事、文、義的作用，實齋曾加以分析說：

> 文章之用，或以述事，或以明理。事溯以往，陰也；理闡方來，陽也。其至焉者，則述事而理以昭焉，言理而事以範焉，則主適不偏而文乃衷於道矣。（《新編·原道下》，頁 54）

史文既要述事，又要明理、衷道，就是就具體的歷史事件推闡其中所含的大義，鑒往知來。義是就史事思考所得的觀點，事是對已往歷史的各種記述，文是對事和理的最佳表達。〔註 21〕〈原道下〉又說明義、事、文三者的本末輕重，論史雖不能擺脫事、文而空懸義理，但史義的探求才是主旨所在。

史義的表現途徑有二：體例編撰與史意。

就體例編撰說，實齋一生，「力究紀傳之史而辨析體例，遂若天授神詣，竟成絕業」（《新編·家書三》，頁 690），《文史通義》〈書教〉、〈申鄭〉等篇章探討史學的變化和演進，辨析史書體裁得失，曾提出創新史體的意見，其昧於時代因素所造成的偏宕，已見於前文所述；而其所發精義，因非拙文討論的重點所在，茲不贅述。其次，就治史的整合意義，就是所謂「別識心裁」——「史意」而言，爲實齋最重視之一問題，關係著實齋之撰史態度與衡史標準。試論如下：

（一）實齋撰史之態度

實齋自信闡發「史意」，乃是一件發凡起例，爲後世開山之工作。〔註22〕

〔註21〕參見許冠三著：〈劉、章史學之異同〉，《劉知幾的實錄史學》（香港：中文大學出版社，1983），頁 166～167。

〔註22〕實齋曾說：「吾於史學，蓋有天授，自信發凡起例，多爲後世開山，而人乃擬

他說：

> 史家著述之道，豈可不求義意所歸乎？（《新編・申鄭》，頁167）
>
> 志者，志也。其事、其文之外，必有義焉，史家著作之微旨也。（《新編・爲張吉甫司馬撰大名縣志序》，頁891）

於此可見實齋對史意之重視，然實齋並未直接界定史意之內涵，故學者對史意之理解不一。〔註23〕朱敬武研究實齋「史意」，曾謂「史意」，「是一種歷史意識，價值意識，會通文化傳統，學術生命與未來發展而出於一心的高度人文智慧。」〔註24〕劉正忠則謂「實齋所謂史意，即是『諸子之意寓於史裁』。實齋認爲人事之外，別無義理；要講求性命之道，必須究心於史，徵諸實事。」〔註25〕二氏所論均切合實齋所謂「史家著述之微旨」之意，然實齋如何建構史意，與實齋之異於其他史家之差異點，則尚待進一步闡釋。

對史義之掌握，太史公從通古今之變中，求取天人之際的智慧，實齋則認爲史家不必直接從史事的變化中探究大道，史家應先把握經學中善惡大原則，然後讀史撰述。實齋說：

> 程子嘗謂：「有〈關雎〉、〈麟趾〉之意，而後可以行《周官》之法度。」吾則以謂通六義比興之旨，而後可以講春王正月之書。蓋言心術貴於養也。……好善惡惡之心，懼其似是而非，故貴平日有所養也。（《新編・史德》，頁183～184）

〈史德〉篇又提出學道未深的人，雖有「好善惡惡之心」，但「懼其似是而非」，不能持守正確的是非標準，必須平時即加以培養，而培養的方法，就是熟悉六經大義。由此可知，實齋所謂「正確的是非標準」，就是「經緯古今，折衷六藝」的標準。（《新編・史德》，頁184）

時人頗擬實齋於劉知幾，實齋不以爲然，曾謂「劉言史法，吾言史意」（《新編・家書二》，頁688）。實際上劉知幾也頗重史意，然與實齋所論有極大差異。劉知幾治史，強調「如實寫照」，就原始史料的記載言，要如「明鏡之照物，

吾於劉知幾。不知劉言史法，吾言史意，劉議館局纂修，吾議一家著述，截然兩途，不相入也。」見《新編・家書二》，頁688。

〔註23〕學者對史意之解釋，或以「歷史哲學」釋之，或謂「史意」即西方批評派歷史哲學，或謂「史意」即理論派歷史哲學，或謂「史意」即歷史藏往知來之意。說詳劉正忠：〈章實齋的史意〉，《國立編譯館館刊》，第24卷，第2期，1995，頁222。

〔註24〕見氏著：《章學誠的歷史文化哲學》（臺北：文津出版社，1996），頁45～46。

〔註25〕見劉正忠著：〈章實齋的史意〉，頁221。

妍媸必露」、「虛空之傳響，清濁必聞」，史筆執簡，雖「愛而知其醜」、「雖憎而知其善」（《史通‧惑經》），不因愛而掩惡而虛美，亦不因其憎而加惡而隱善，是以對《春秋》爲尊親諱，大有微辭（詳見《史通‧惑經》）。就史家之撰述態度，採擇史事，提出解釋，表現史意而言，知幾主張窮究本源，據實而論，不可「妄生穿鑿」、「強爲其說」，更不可枉加臆測，致「乖作者之深旨」，而「誤生人之後學」（詳見《史通‧探賾》）。這些均見劉知幾視「史實」爲史學的第一要義。

而實齋治史最重在「著書者之心術」，實齋在劉知幾才、學、識〔註26〕的基礎上，提出「史德」：

> 德者何？謂著書者之心術也。……所患夫心術者，謂其有君子之心而所養未底於粹也。（《新編‧史德》，頁 181～182）

君子之心，要養得純粹，〈史德〉篇曰：「蓋欲爲良史者，當慎辨於天人之際，盡其天而不益以人也。」（《新編‧史德》，頁 182）其內容不只是據事直書、書法不隱而已，他似乎論及史家主觀與歷史客觀的問題，因此，許凌雲、王朝彬曾指出：「章學誠認爲，史家心術應該是正確處理史家主觀與客觀歷史的關係，充分尊重歷史的眞相，而盡量不加之以主觀。這就是史德。」〔註27〕劉知幾只就事實記載，善惡必書，而實齋強調「載筆之任，自宜心術端淳」（《新編‧唐書糾繆書後》，頁 425），「識言公之旨，庶得於道妙」（《新編‧言公下》，頁 145），「不知言公之旨，而欲自私自利，以爲功大道隱，而心術不可復問矣。」（《新編‧言公中》，頁 138），強調史家心術、史家立言當出於公心，以及所謂主客觀問題，本於天人之際，一本原來事實，不要參入撰史者的意見，似乎對史家撰述態度有更強烈的自覺意識。然而，事實不然，〈史德〉篇判斷所謂史家心術，率以「天理」、「名教」的標準，去評論史家心術之正與不正；對於撰史者評論史事，若有「怨誹及於君父」者，實齋即認爲是「名教中之罪人」、必遭「天理所誅」；亦在此標準下，肯定太史公「不敢謗主」，又說《騷》與《史》皆深於《詩》者也」，其可貴處正在於「言婉多風，皆不背於名教」（詳見《新編‧史德》，頁 184）。由此觀之，「客觀」並非實齋論史和撰史之第一原則。而所謂名教更指致力維護當政者的立場，他甚至說：

〔註26〕詳見《舊唐書‧劉子玄傳》（臺北：中華書局，1987），卷 102，頁 3137。
〔註27〕參見氏著：〈章學誠對史家理論修養的理論貢獻〉，《浙江學刊》，1991 年 3 月，頁 119。

> 史臣不必心術偏私，但爲君父大義，則于理自不容無所避就。夫子
> 之於《春秋》，不容不爲君親諱也。〔註28〕

這明顯是受經學中尊君尊親的觀念之影響。又如說：

> 苟大義不在君父，推闡不爲世教，則雖斐若貝錦，絢若朝霞，亦何
> 取乎！……故讀書知崇功令，文字當依科律，則文境醇而心術正，
> 學者慎毋私智穿鑿，妄謂別有名山著述在廟堂律令之外也。（《新編‧
> 與邵二雲論文》，頁541）

著述重要的原則是推闡世教，不可逾越「廟堂律令」，這種標準或可勉人進取
功名、和有助於推行教化，卻絕非史家秉筆直書的精神。講「盡其天而不益
以人」，表面上似乎嚴守史家公正客觀的立場，辨析精微，然在爲君親諱，不
可逾越廟堂律令之原則下，實齋也不得不降低其標準，「盡其天而不益以人，
雖未能至，苟允知之，亦足以稱著書者之心術矣。」（《新編‧史德》，頁182），
認爲抱持這種態度去撰史，即使有不足之處，也稱得上有著書者之心術。故
實齋所謂史德，所倡在忠於時王之制，君父之道以及人倫之教。

實齋對乾嘉考證學的批判，認爲考證之學不切於人倫日用，實齋力主學
術當有益於人倫日用。但就探討史實之精神而言，實齋反不如乾嘉學者。如
錢大昕說：

> 且夫史非一家之書，實千載之書，袪其疑，乃能堅其信；指其瑕，
> 益以見其美。〔註29〕

王鳴盛也說：

> 大抵史家所記典制，有得有失。讀史不必橫生意見，馳騁議論，以
> 明法戒也。但當考其典制之實，俾數千百年建制沿革，瞭如指掌，
> 而或宜法，而或宜戒，待人之自擇焉可矣。其事跡則有美有惡，讀
> 史者亦不必強立文法，擅加與奪，以爲褒貶也。但當考其事跡之實，
> 俾年經事緯，部居州次，記載之異同，見聞之離合，一一條析無疑，
> 而若者可褒，若者可貶，聽之天下之公論焉可矣。〔註30〕

乾嘉學者追求客觀事實的精神，不著眼於當前現實政治的利害，與實齋論史
實有極大之差異。實齋強調貴約六經之旨作爲撰述的標準，然而六經之旨究

〔註28〕參見《章學誠遺書‧丙辰箚記》（北京：文物出版社，1985）。
〔註29〕參見氏著《二十二史考異‧序》（京都：中文出版社，1980）。
〔註30〕參見氏著《十七史商榷‧序》（臺北：大化書局，1984）。

竟爲何？同爲儒者，漢唐儒與宋明儒意見不同；同爲解經，今文家與古文家異說。實齋強調的史意，目的在成就別裁獨斷的一家之言，然史家心術的培養既無定準，尊君尊親不惜爲諱爲態度，更易隱晦歷史眞相。平情而論，錢大昕、王鳴盛之態度，實較實齋富有史家的特質，況且所謂經世致用，如不以眼前一時得失爲標準，則千古之是非、民族大義的是非，將是更大的致用。然無論那種用，都必須建立在客觀眞實的前提下，實齋「約六經之旨」及不違「廟堂律令」的思想，均非史家應有的撰史態度。

以近代史學之發展而言，五四以來，古史辨派與史料考證派皆恪守「薄用而重求是」的學術精神，主張眞、用兩分，﹝註31﹞即使是論史強調史家主體精神的錢穆先生，也主張治史應以「持平求是」爲務，﹝註32﹞史學的價值觀應建立在求實的基礎上。曾說：「（撰史）尤要者，應自有其客觀的獨立性，而勿徒爲政客名流一種隨宜宣傳或辯護之工具。」﹝註33﹞實齋的史學經世，倡言服膺六經，推尊時王之制，以錢先生所論衡之，頗有爲統治者作宣傳、辯護之嫌。論者或謂「這種言論顯示他對於現實的政治權威，幾乎全無省察批評的能力。」﹝註34﹞事實上，這不只爲對現實政治省察能力之問題，實因實齋根本站在統治立場，欲求建立一套可以資治之史學。

故實齋所謂史學經世，不但要從經術及掌故中，求取適於時用之典章制度；更有爲現實政治作辯護之傾向。換句話說，實齋之史學經世，並非以史學所究明之大道，做爲時王的施政方針，卻是從當政者之立場，提倡史家應

﹝註31﹞ 如顧頡剛提出「只當問眞不眞，不當問用不用」的史學態度。見《古史辨・自序》（上海：上海古籍出版社，1982），頁25。傅斯年則認爲二十至四十年代之中國史學界的基本謬誤，在於學人好談致用。參見氏著〈中國學術思想界之基本謬誤〉，《傅斯年選輯》第一輯（臺北：文星出版社，1967），頁29。

﹝註32﹞ 錢穆論歷史知識，曾說：「歷史雖是記載客觀事實，但亦寓有史家自己的主觀見解。」參見《中國學術通義》（臺北：臺灣學生書局，1975），頁17。認爲歷史記載已滲入了記載者的主觀痕跡，與客觀歷史之間總存在著差距，它僅僅是客觀存在歷史的部份反映，「絕不能做得所謂純客觀的記載」，而歷史知識則不同，它是史家主體對歷史材料的理解和詮釋。因此錢先生甚看重史家對歷史材料的解釋態度，因爲相同的史料，不同的解釋可能獲致完全相反的歷史知識。參見陳勇著：〈略論錢穆的歷史思想與史學思想〉（《歷史學》1994年9月），頁68～69。

﹝註33﹞ 參見氏著：〈論近代中國新史學之創建〉（《中央日報》，1937年1月17日）；轉引自陳勇：〈略論錢穆的歷史思想與史學思想〉（《歷史學》1994年9月，頁68～69）。

﹝註34﹞ 見劉正忠著：〈章實齋的史意〉，頁232。

以時王制度爲依歸，強調史學應去證明當代典章可通於六經大義。「禮，時爲大」之精神，也旨在強調在位者之意都當被遵奉之旨。此即實齋以六經義理爲價值標準之「史義」，所發揮出來之「史意」所在。

（二）實齋衡史的標準

實齋在經學義理與崇古心理下，影響其歷史判斷者不下一端，例如對《周官》之信從、對遺民之譏議等皆是。

實齋認爲法治到周代而大備，是時會使然。實齋所言之時會，主要立論根據是周公承前聖之制而成《周禮》一書。他說：

> 《周官》三百六十，具天下之纖析矣。然法具於官，而官守其書，觀於六卿聯事之義，而知古人之於典籍，不憚繁複周悉，以爲記注之備也。（《新編·書教上》，頁10～11）

意謂《周官》設官三百六十，包涵了當時所有的典章制度，其記載之詳備，也已俱備了史學的記注之法。

王化不行之後，《周官》之法廢，不能再推行原來制度，而使記注的內容有所不同，史體也就因之而改變了。實齋說：

> 孟子曰：「王者之跡息而《詩》亡，《詩》亡然後《春秋》作。」蓋言王化之不行也，推原《春秋》之用也。不知《周官》之法廢而《書》亡，《書》亡而後《春秋》作。則言王章之不立也，可識《春秋》之體也。何謂《周官》之法廢而《書》亡哉？蓋官禮制密而後記注有成法，記注有成法而後撰述可以無定名。以謂纖悉委備，有司具有成書，而吾特舉其重且大者筆而著之，以示帝王經世之大略；而典、謨、訓、誥、貢、範、官、刑之屬，詳略去取，惟意所命，不必著爲一定之例焉，斯《尚書》之所以經世也。（《新編·書教上》，頁11）

於此不惟指出典章制度備於《周官》之中，史學發展也隨《周官》之法的施行而轉變。在實齋的觀念中，古代制度爲政教合一、官師合一，而《周官》是周公致太平之書，因此，《周官》包涵了當時所有的典章制度，也就包涵了記注之法，因此這些「官禮」施行的情形，不但影響當時的政治，也影響史書著作的體例。

此外，實齋又認爲諸子百家之學說，其有價值者，亦皆因其與《周官》有關：

> 諸子百家，不衰大道，其所以持之有故而言之成理者，則以本原所
> 出，皆不外於《周官》之典守。其支離而不合道者，師失官守，末
> 流之學，各以私意恣其說爾。（《新編・易教下》，頁 8）

諸子學之興起，見載於《漢書・藝文志》，班固有所謂某家出於某官之說，近代章太炎承之，而有「諸子出於王官」之說。〔註 35〕姑不論諸子某家出於某官之說可不可信，實齋謂「其所以持之有故而言之成理者」，都是因爲「不外於《周官》之典守」的緣故，表現實齋對諸子學貶抑之同時，也顯露實齋對《周官》過度推崇之態度。更有甚者，不見於《周官》引文之記載，實齋即謂之不可信，如說：

> 《記》曰：左史記言，古史記動。其職不見於《周官》，其書不傳於
> 後世，殆禮家之恣文歟？（《新編・書教上》，頁 11）

對於不見於《周官》之記載，實齋即認爲是「恣文」，一切制度典章都要以《周官》所記爲準繩。凡此均見實齋對《周官》之推崇。

然而，《周官》並非周公所作。在宋朝司馬光已懷疑《周禮》不是周公之書，〔註 36〕洪邁也有《周禮》非周公書之記載。〔註 37〕然二氏因王安石假託《周禮》行新政而禍民，他們抱持周公是聖人，《周禮》若爲聖人所作，不應實行起來反而招亂，而劉歆提倡《周禮》，故以劉歆影射王安石，說《周禮》爲劉歆所僞造。〔註 38〕此說是北宋政爭的產物，以劉歆僞造《周禮》並不符合史實，然已指出《周禮》非周公所作。在清代則有萬斯大《周官辨非》對《周官》所載之典章制度，逐條檢討；毛奇齡《周禮問》，亦證論《周禮》非周公所作，並將其撰作時代定在戰國末期。而實齋對於其前之研究置之不理，對《周禮》中不合史實之制度，亦不加考證，仍謂此書乃周公致太平之跡，缺乏史家對制度發展的歷史眼光。此亦可能肇因對周公之過度推崇，而有此偏差。〔註 39〕然無論導因於何者，實齋信從《周官》，不能不說爲其史論之一

〔註 35〕參見氏著：〈諸子略說〉，收入《國學略說》（高雄：復文書局，1984），頁 134
～190。

〔註 36〕參見邵博著：《見聞後錄》卷 3，（收入《筆記小說大觀》第 15 編第 2 冊（台
北：新興書局，1977），頁 697。

〔註 37〕參見氏著：《容齋續筆》卷 16，（收入《筆記小說大觀》第 29 編第 3 冊，台北：
新興書局，1979），頁 1061。

〔註 38〕說見余英時著：〈《周禮》考證和《周禮》的現代啓示〉，參見氏著《猶記風吹
水上鱗》（臺北：三民書局，1990），頁 155～157。

〔註 39〕近人有關《周官》時代之研究，著者如錢穆〈周官制作時代考〉一文，從祀

大缺失。

實齋史論之另一偏失，在極力為滿清政府的正統的地位辯護：

> 自唐虞三代以還，得天下之正者，未有如我大清。魏晉唐宋之禪讓，固無論矣，即漢與元，皆是征誅而得天下。（《章學誠遺書‧丙辰箚記》）

認為清之得天下，以討伐李自成入關，天與人歸，不像漢、元皆以征誅而得天下。因此實齋認為清之得天下為歷來最正。也因清之得位，為天與人歸，故史官對於勝國，也與前代史官之仇視態度不同。他說：

> 然漢自滅秦，而元自滅宋，雖未嘗不正，而鼎革相接，則新朝史官之視勝國，猶不能無仇敵之嫌。惟我朝以討賊入關，繼絕興廢，褒忠錄義，天與人歸，而于故明，但有存恤之德，毫無鼎革之嫌。明史權衡，又屢頌公慎之訓，是以史臣載筆，毫無避忌之私，此又不得以歷朝之成法拘也。（同上）

事實上，《明史》中對故明之有「存恤之德」，不因滿清得位之正，而因史家懷念故明；且《明史》上之「褒忠錄義」，載錄遺民節慨，則更說明清之得位，並非「天與人歸」，誠如實齋所言，就沒有遺民，沒有忠義可以褒錄了。對於清廷修《明史》之態度，謂其令史臣可以毫無避忌，也是實齋的一家之言，事實則大謬不然。清人雖獎掖學術，卻有嚴密的思想控制，尤其對於明末清初史事，更諱莫如深，莊廷鑨、戴名世等史案，均以文字獄之誅連達到嚇阻當代史學研究之目的，誠非實齋所言之毫無避忌。

實齋尊王制之意態，又表現於對遺民及文獻記載上。實齋自謂承浙東史學而起，又說浙東學術之可貴，在反映時代精神：

> 浙東之學，雖源流不異而所遇不同。故其見於世者，陽明得之為事功，蕺山得之節義，梨洲得之為隱逸，萬氏兄弟得之為經術史裁，授受雖出於一，而面目迥殊，以其各有事事故也。（《新編‧浙東學術》，頁76）

清代浙東史學，黃梨洲值易代之際，懷故國之思，慨然以保存明代文獻自任；論史就以重當世，明近代，表彰人物，尊崇文獻，為其史學之重要特色。認為事功、節義，理無二致：

典、刑法、田制等方面，考證《周官》成於戰國，討論精詳。參見氏著：《兩漢經學今古文平議》（臺北：東大圖書公司，1989），頁 285～433。

> 古之君子有死天下之心，而能成天下之事，有成天下之心，而能死
> 天下之事。事功、節義，理無二致。〔註40〕

因此，梨洲表彰死義忠節之士，不以國亡而貶低其節義價值。

全祖望生值雍乾文網正密之時，殫精於文獻人物，全無避忌。甚至在〈移明史館帖子五〉一文中，主張立忠義傳於隱逸傳之外，凡不仕二姓者，皆應入忠義傳。〈移明史館帖子六〉一文中，又提出因國死事之臣，不當入異姓之史，即認為他們當置於明史而非清史中。〔註41〕全氏一生撰文褒獎氣節，發明幽隱，不餘遺力，以維持天地宇宙之正氣為己任。曾說：

> 故國喬木，日以陵夷，而遺文與之具剝落，微文徵獻，將於何所？
> 此予之所以累欷長嘆而不能自已也。〔註42〕

然實齋極力推崇滿清統治，對明遺民之抗清活動，不但毫無同情，還時加譏議。說：

> 亡國之音，哀而不怨，家亡國破，必有所以失之之由，先事必思所
> 以救之，事後則哀之矣。不哀己之所失，而但怨興朝之得，是猶痛
> 親之死，而怨人之有父母也。故遺民故老，沒齒無言。或有所著詩
> 文，必忠厚而悱惻。其有謾罵譏謗為能事者，必非真遺民也。(《章
> 學誠遺書・乙卯箚記》)

認為遺民在新朝應該「沒齒無言」，不應該批評新朝。實齋對於遺民之態度，可說與浙東學者背道而行。清初學者雖有所謂「遺民不世襲」之論，〔註43〕若謂實齋所論，因其時代環境之變遷，乾嘉去明之亡，為時既久，此時不必標榜遺民之志節，則實齋所論似亦有如其所言之「所遇不同」而表現不同面目者。然觀實齋之意，並非只認為乾嘉時代，不必再標榜遺民氣節，其重點實為反對「抗清」而發，所以強調「其有謾罵譏議為能事者，必非真遺民也。」此或因實齋服膺滿清之統治，或因以朝廷立場求取史學致用之道的態度，致往往使其所論，不夠客觀平允。若非如此，實齋不標榜遺民，大可置之於不

〔註40〕參見氏著：《文定後集・明名臣言行錄序》卷1（臺北：中華書局，1971）
〔註41〕參見鄭吉雄著：《經史與經世——清代浙東學者的學術思想》（臺大碩士論文，1990），頁62～63。
〔註42〕參見氏著：《鮚埼亭集・雪交亭集序》（臺北：華世出版社，1977），頁999。
〔註43〕全祖望著：《鮚埼亭集外編・題徐狷石傳後》載徐狷石回答應潛齋說：「吾輩不能永錮其子弟以世襲遺民也，亦已明矣。然聽之則可矣，又從而為之謀，則失矣。」（頁1091）。

論不議之列，不必特加譏議。

此外，實齋論史亦有重文獻，表彰節義的一面。嘗駁東原修志意見：

> 考沿革者，取資載籍，載籍具在，人人得而考之。雖我今日有失，後人猶得而更正也。若夫一方文獻，及時不與搜羅，編次不得其法，去取或失其宜，則他日將有放失難稽，湮沒無聞者矣。……考古固宜詳慎：不得已而勢不兩全，無寧重文獻而輕沿革耳。(《新編·記與戴東原論修志》，頁747)

認為地理沿革，非修志之要義。故實齋論史重文獻而輕沿革。而歷史一切事變，皆從人物之活動來，故當重視人物之節義：

> 史志之書，有裨風教者，原因傳述忠孝節義，凜凜烈烈，有聲有色，使百世而下，怯者勇生，貪者廉立。《史記》好俠，多寫刺客畸流，猶足令人輕生增氣。況天地間大節大義，綱常賴以扶持，世教賴以撐柱者乎！(《新編·答甄秀才論修志第一書》，頁713)

實齋提出重視人物之「大節大義」，期以使人聞風興起，頗有史家立傳之精神，然而實齋之目的在「裨風教」、「持綱常」，仍然不離時王制度之依歸。

三、結 論

由上所論，實齋並未融經學於史學，反而是把經學權威擴大到史學領域中來，故在實齋眼中，不惟「史之大原本乎《春秋》」(《新編·答客問上》，頁169)，甚至「二十三史皆《春秋》家學也」，[註44] 一切的史學著作，均要建立在經學之標準上。許多學者亦指出實齋推重政治權威，官師合一，治教合一，及對周孔之分別，都因實齋認為學術是政治產物，故其史學明道，史學經世之表現，也就落實在為當代之政治服務，因此批評實齋不是站在悲天憫人之立場，以史學研究做為鍼砭時政得失之依歸。[註45] 更由於實齋對時王、君父之崇敬態度，論者亦謂實齋有順媚清廷，缺少傳統士大夫那種「天下有道則現，無道則隱」，「窮則獨善其身」之節概與自尊。[註46]

[註44] 參見葉瑛校注：《校讎通義·宗劉》(收入《文史通義校注》，臺北：里仁書局，1984)。

[註45] 錢穆先生說：「實齋專業文史，其實猶東原之專業經義，非固有悲天憫人之志，擔天下之意也。」《中國近三百年學術史》(臺北：臺灣商務印書館，1990)，頁68。

[註46] 說見路新生著：〈章學誠思想體系中的消極面〉，《華東師範大學學報》，1992

　　然實齋一生行事正直，〔註47〕中進士之後，又因「自以迂疏」，而放棄了入仕機會，顯示實齋不是一個汲汲求進之人。所治史學，在當時亦屬「舉世不爲之學」，實齋期望以之持世而救偏，原非爲「順媚清廷」，他所以完全站在當政者的立場求取史學致用之道，應是經學致用觀念之一種反映。而實齋之撰著以史學爲主，又屢屢以史家自命及強調其史學天賦，遂使人蔽於其史論之新見，而對其眞正學術精神反而認識不清。

年5月，頁25。
〔註47〕實齋曾自言：「平生惟此不欺二字，差可信于師友間也」，又說：「僕之生平，不能作違心之論」。見《新編・與史氏諸表侄論策對書》，頁677。